典籍中的风雅礼俗

郑伟 编著

中国华侨出版社

·北京·

图书在版编目（CIP）数据

典籍中的风雅礼俗 / 郑伟编著. -- 北京：中国华侨出版社, 2023.4
ISBN 978-7-5113-8949-7

Ⅰ.①典… Ⅱ.①郑… Ⅲ.①礼仪—风俗习惯—中国 Ⅳ.①K892.26

中国版本图书馆CIP数据核字（2022）第251441号

典籍中的风雅礼俗

编　　著：郑　伟
出 版 人：杨伯勋
责任编辑：刘晓燕
封面设计：薛　芳
经　　销：新华书店
开　　本：710mm×1000mm　　1/16开　　印张：15　　字数：208千字
印　　刷：艺通印刷（天津）有限公司
版　　次：2023年4月第1版
印　　次：2023年4月第1次印刷
书　　号：ISBN 978-7-5113-8949-7
定　　价：49.80元

中国华侨出版社　　北京市朝阳区西坝河东里77号楼底商5号　　邮编：100028
发行部：（010）64443051　　传　真：（010）64439708
网　　址：www.oveaschin.com　　E-mail：oveaschin@sina.com

如发现印装质量问题，影响阅读，请与印刷厂联系调换。

序　言

礼仪是文明时代的评判标准，只有社会生产力发展到一定程度后，才会出现人文精神、文化素养层面上的习俗。礼仪最初发端于古代统治阶级，因此，礼仪从诞生之初便具备了等级性。

礼仪习俗是古人在长久的社交生活中形成的礼仪规范，涵盖了生活、教育、政治、礼制、刑律、美学等社会领域的方方面面。上至王朝军政祭祀，下至老百姓的婚丧嫁娶，都可以从古代典籍中找到文字记载。礼仪风俗以"三礼"为基础。"三礼"是指儒家三部经典著作《周礼》《仪礼》《礼记》，三者详尽地记述了古代社会的礼仪风俗。

《周礼》将古代礼仪总结整理为"五礼"，即吉礼、凶礼、军礼、宾礼、嘉礼。祭祀礼仪是吉礼的核心，主要是对天、地、人三界的祭祀；凶礼涵盖了世间所有糟糕的事，传至民间后，形成了以丧礼为核心的礼仪规范；军礼是封建王朝极为看重的礼节，是军队操练正法之礼，与百姓生活关联不大；宾礼是接待客人的礼仪，最初用于国家外交，后来演变为以礼待客的学问；嘉礼是一切喜庆活动的礼仪方式，包括冠、婚、燕、飨、射等活动，涵盖日常生活、王位传承、宴请亲朋等具有喜庆意义的内容。

《仪礼》记载了婚丧、祭祀、饮食、服饰、聚会、宗法制度、伦理思想、社会风尚等礼俗内容，其中大部分礼仪风俗已经在现代社会中消失。《仪礼》犹如一幅生活画卷，生动地展现了古代人的生活世界和精神世界，为现代社会学、人类学、民族学、文献学、语言文学、考古学等领域的研究，提供了翔实的历史资料。

《礼记》是对礼的综合性阐述，内容庞杂，包括称谓、辞令、岁时节令、服装、音乐、家教、丧祭、尊老、游艺等众多方面的礼俗，几乎涵盖了社会生活的各个领域。

中国礼俗文化博大精深，儒家"三礼"只是古代礼仪习俗的重要代表，是笼统宽泛的礼俗概述，除此之外，还有许多细枝末节的礼仪风俗。儒家"三礼"构成了中国民俗文化的框架，而涉及细微之处的礼仪习俗，则令礼仪之邦的大厦基础更加稳固。

浩如烟海的古籍典藏，积淀了中国五千年的文明历史，以宽广独特的视野记录了风物人情，包括婚嫁丧礼、饮宴待客、祭祀礼仪、宗教信仰、生产生活、交际娱乐、岁时节日、民谣言语、山川地理等种种民俗。

从根本意义上说，古代典籍的价值并不只在于供专业学者研究，更在于优秀传统文化的展示和传播。学习古代典籍，并从中获得精神上的滋养，达到传承中华文化、普及礼仪知识的目的。

目 录

第四章　服饰文化中的风雅礼俗

第二卷
风俗之制，婚丧嫁娶中的礼仪规范

第一章　洞房花烛，古人的婚礼习俗

第二章　养生丧死，古人的丧葬礼俗

第三章　流觞曲水，古人的宴饮聚会礼俗

第三卷
一脉相承，传承文化的古之常礼

第一章　古人的信仰之礼

第二章　古人的祭祀之礼

第三章　古人的生产生活风俗

第四章　古人的交际娱乐风俗

第四卷
岁时之书，古人的四时习俗

第一章　古人的二十四节气

第二章　古人的春季风俗

第三章　古人的夏季风俗

第四章　古人的秋季风俗

第五章　古人的冬季风俗

第一卷

礼仪之邦，中国人的风雅与礼仪

第一章 由《周礼》发端的中华礼俗

第一节 国之四维中的"礼"

【典籍溯源】

> 国有四维，一维绝则倾，二维绝则危，三维绝则覆，四维绝
> 则灭。倾可正也，危可安也，覆可起也，灭不可复错也。何谓四
> 维？一曰礼，二曰义，三曰廉，四曰耻。
>
> ——《管子·牧民》

《管子》是先秦时期各学派的言论汇编。西汉刘向编订为八十六篇，现存七十六篇，涵盖了法家、儒家、道家、兵家、阴阳家、农家、名家等各家的观点，是研究先秦时期各学派思想文化的重要典籍。

古人认为礼、义、廉、耻是维系国家生存的四项道德准则。如果不以这四项道德准则治理国家，那么国家就处于危险之中。

【礼俗文化】

纵观中华上下五千年的文明历史，礼、义、廉、耻始终是中华民族推崇的道德准则，是治国做人的根本。北宋欧阳修在《新五代史·冯道传》中说："礼义廉耻，国之四维。四维不张，国乃灭亡。"

礼作为"国之四维"中的首席，是所有关系、等级、制度的总纲。礼

是人们在长期的社会生活中，受到道德观念和民风习俗的影响而形成的。在古人看来，礼意味着适当的态度和行为，"礼不逾节……故不逾节，则上位安"，百姓依礼而行，做到长幼有序、上下有别、贵贱有分、君臣有礼，各个社会阶级遵守规矩，按照道德礼仪去做人做事，不随便僭越等级制度，扰乱尊卑贵贱和伦理纲常，那么君王的地位便可以稳如磐石，社会自然就安稳和平。

居于四维之首的礼，最初起源于原始社会的祭祀活动。《礼记·礼运》中记载："夫礼之初，始诸饮食。其燔黍捭豚，汙尊而抔饮，蒉桴而土鼓，犹若可以致其敬于鬼神。"原始人将黍米和劈开的猪肉置于石上烧烤，在土地上凿坑充当酒樽，用双手掬捧畅饮，将茅草捆扎成鼓槌，用来敲击土鼓，以此来祭祀鬼神，这便是礼仪最初的形态。

《说文解字》："礼，履也，所以事神致福也。"最初的礼只是上古时期人们祭祀鬼神的仪式。随着历史的发展，人类对鬼神的敬畏之心越发深重，大小事情都交由神来管理，即所谓的神权管理。

《周礼》是古代中国礼制文化的经典，内容庞杂丰富，融合了道家、法家、阴阳家等各家的思想，以人、法、天为中心思想，系统地记载了祭祀、封国、巡狩、丧葬等国家大事，详细介绍了用鼎制度、乐悬制度、车骑制度、服饰制度、礼玉制度等具体礼仪制度。

西周时期有了成文的礼仪制度，尊老爱幼等礼仪风俗已经明显确立。东周时期，孔子在周游列国之时，根据自己的所听、所见、所闻，编订了《仪礼》。书中详细记载了贵族在生活中的各种礼节仪式。战国至秦汉年间，又一部礼仪经典《礼记》诞生了。《礼记》是先秦儒家思想的资料汇编，主要介绍了先秦时期的礼仪制度，对于研究先秦社会的风俗礼仪具有重要意义。《周礼》《仪礼》《礼记》合称为"三礼"，是中国古代礼仪文化的基本理论形态。

随着历史的发展，礼从神治转变为人治，不断地被修正、完善、继承和发扬，渗透到人类社会生活的各种仪式行为之中，具体包括社交方式、行为标准、典礼程序，以及与之相适应的服饰、器物等，成为维系人类社会生活必不可少的规范。

【知识延伸】

礼学的代表人物

礼学的代表人物有孔子、郑玄、贾公彦、孔颖达、朱熹等。孔子是儒家学派的创始人，编撰了《诗》《书》《礼》《易》《乐》《春秋》六部儒家经典。郑玄是东汉经学大师，遍注儒家经典。孔颖达是唐代经学家，编撰了《五经正义》。贾公彦是唐代儒家学者，编撰了《仪礼义疏》《周礼义疏》等。朱熹是南宋理学家，著有《四书章句集注》《周易读本》等。

第二节 古之《周礼》

【典籍溯源】

大宗伯之职，掌建邦之天神、人鬼、地示之礼，以佐王建保邦国。

——《周礼·春官宗伯·大宗伯》

《周礼》是儒家经典之一，涵盖了政法、文教、礼乐、军事、艺术、天文等领域，千姿百态，包罗万象，堪称"先秦文化史之宝库"。

西周时设立大宗伯一职，掌管天地人鬼的祭祀，以辅佐天子通知臣民。祭祀典礼包括祭天地、祭日月星辰、祭先王、祭先祖、祭社稷、祭宗庙等活动。

【礼俗文化】

《左传》疏云："中国有礼仪之大，故称夏；有服章之美，谓之华。"中国以博大精深、积厚流光的礼仪文化，备受其他国家的赞誉，素来有"礼仪之邦"的美名。中国的礼仪文化拥有悠久的历史，早在夏王朝就已有端倪，商王朝时凭借神权信仰得到了进一步的发展，西周时期的礼制在夏礼、殷礼的基础上有所变革，完善了礼法的体系，使其适用于宗法制。周代的礼仪制度被后世奉为"古制"。

《周礼》确立了中国古代礼仪制度的基本结构。《周礼》中的礼仪制度有吉礼、凶礼、宾礼、嘉礼和军礼，合称为"五礼"。

古人认为，神灵掌握着国运之兴盛、宗族之繁衍，所以向先祖及各种神灵祭祀的吉礼居于"五礼"之首。吉礼包括祀天神、祭地祇、祭人鬼等礼仪活动，祭祀的对象十分广泛。祀天神包括祭祀昊天上帝、日月星辰、司中、司命、雨师等，祭地祇包括祭祀社稷、五帝、五岳、山林川泽、四方百物等，祭人鬼包括祭祀先王、先祖、社稷、宗庙等。在古人看来，神灵掌管着世间万物，当心中有所求的时候，应当对神灵举行祭祀活动，传达诉求。

凶礼是人们向神灵祈福的礼仪活动，祈求神明驱除灾难，通常在大祸之后举行。凶礼是哀痛、吊祭、忧患之礼，可分为丧礼、荒礼、吊礼、恤礼、襘礼五类。丧礼是哀悼死者的礼仪活动，通过各种仪式来表达对死者的敬爱；荒礼是遭遇饥荒时所行的仪式，包括祷神、变礼、减缮、减用及提供财物赒补等形式；吊礼是遇到严重自然灾害时举行的仪式；恤礼是指国家发生不幸时，邻国派遣使者予以慰问和帮助；外敌入侵，国土残破，天子或盟国要筹集物资予以救助，补偿其损失，称为"襘礼"。

宾礼是周天子接见诸侯、宾客及各诸侯之间交往的礼仪，《周礼·春官宗伯·大宗伯》说："以宾礼亲邦国。"宾礼实际上是一种待客之道，包括朝、聘、盟、会、遇、觐、问、视、誓、同、锡命等一系列礼仪制度。作为一种经常性的社交礼节，宾礼与其他四礼相比，使用范围更加广泛。

嘉礼是具有喜庆意义的礼仪活动，有饮食礼、婚冠礼、宾射礼、飨燕礼、脤膰礼、贺庆礼六类，包括王位传承、封侯拜将、公侯婚礼、冠笄礼、宴飨、乡饮酒等各种礼仪活动，是中国古代礼仪中内容最丰富的部分。

军礼，即与军事活动有关的礼仪，有大师之礼、大均之礼、大田之礼、大役之礼、大封之礼等，包括用兵出征伐罪、均土地和征收赋税、田间野猎、建造城邑、定疆封土等活动的礼仪。

《周礼》丰富繁杂，涵盖了先秦时期政治、经济、军事、文化、习俗等社会维度，对礼法做出了深刻、权威的解释，起到了区分等级地位、维护国家统治、教化百姓的社会作用。《周礼》这部皇皇巨著，对历代礼制影响深远，其中涉及的秩序、和谐理念，于今仍具有十分重要的现实意义。

【知识延伸】

《周礼》官制

《周礼》将官制分为六部，即天官、地官、春官、夏官、秋官、冬官。天官冢宰统御百官，协助君王治理国家；地官司徒掌管土地、教育、户口、地方行政等工作；春官宗伯掌管祭祀典礼、朝会、天文、历法等工作；夏官司马掌管军务、军工、巡视、后勤等工作；秋官司寇掌管诉讼、刑罚等事务；冬官司空掌管工程制作。

第三节　中华礼仪之孔孟之道

【典籍溯源】

> 非礼勿视，非礼勿听，非礼勿言，非礼勿动。
>
> ——《论语·颜渊》

《论语》是儒家经典之一，主要记载了孔子及其弟子的言行、思想，内容涉及政治、伦理、哲学、教育等诸多领域，深刻体现了孔子的政治主张、教育理念、道德思想，对于中华民族道德观、伦理观、价值观的形成和发展具有重要影响。

早在两千多年前，孔子就主张践行周礼，通过礼教来规范人们的思想行为。不符合礼制的不能看，不符合礼法的不能听，不符合礼教的话不能说，不符合礼仪的事不能做。细想之下，这些话都是建立在社会道德之上的。道德和法律的约束，是保证社会稳定发展、人们和谐相处的基础。

【礼俗文化】

中国素有"礼仪之邦"的美称，崇尚孔孟之道。所谓孔孟之道，是指以孔子和孟子为代表的传统儒家思想理论。孔子和孟子都是儒家学派的宗师级人物，推崇仁政思想，讲求"仁者爱人"，倡导仁、义、礼、智、信这五种德行。

礼是孔子思想理论体系的重要组成部分。孔子是宋国贵族后代，《孔子家语·本姓解》说："孔子之先，宋之后也。"孔子虽然家道衰落，但依旧有很深厚的贵族情结，主张"礼不下庶人，刑不上大夫""贵贱有等，衣服有别"的等级观念。

孔子重礼，曰："克己复礼为仁。一日克己复礼，天下归仁焉。"在孔子看来，礼有令万民归心的神奇力量。每个人都应遵守礼制的要求，在礼的帮助下，改掉自身的坏习惯；改变自我、超越自我，个体便具有了仁的属性，而整个社会也会变得和谐安定。

孔子身体力行，践行礼仪之道，在不同的场合跟不同身份的人说话时，表现也是不同的。跟亲人朋友说话的时候"恂恂如也，似不能言者"，显得有些木讷；在朝堂、宗庙这类正式场合"便便言，唯谨尔"，思路清晰，言语流畅，懂得什么该讲什么不该讲；跟下大夫交流时"侃侃如也"，从容温和；跟上大夫说话时"訚訚如也"，举止恭敬，态度诚恳；有君王在场时，"踧踖如也，与与如也"，既恭敬，又倍加小心，不失礼节。由此可以看出，孔子是一个沟通高手，面对尊长、乡亲时恭顺有礼，面对下属时愉悦温和，面对上级时恭敬和气。该恭谨的时候恭谨，该谦逊的时候谦逊，既能够清晰地表达自己的意见，又令交谈者感到舒服和痛快，这样的待人处世之道依旧适用于现代。

孟子则突破了传统礼学的等级观念，为僵化的等级性礼学注入了"敬"的理念。孟子认为，敬是礼的根本，是发自内心地对他人的尊重，而这种精神义务不是单向性的，要求上下共同遵守，"用下敬上，谓之贵贵；用上敬下，谓之尊贤。贵贵、尊贤，其义一也"，权力值得尊重，德性同样也值得尊重。孟子强调礼的本质高于形式，给人的尊严赋予了敬学思想，使礼不再被表面的"俯仰周旋威仪之礼"所局限，变成自发的、出于内心的对他人的敬意。孟子的敬学思想体现了人格的独立、自觉意识和生命意识，在当时具有极大的进步意义。

人们常以"孔孟之道"将孔子与孟子相提并论。从整体上来说，二者同属儒家文化；但从个体来说，孔子与孟子的思想体系却有较大的差异，孔子敦厚忠诚，注重等级观念，孟子更强调人的感情和理性。

【知识延伸】

孟子休妻

孟子休妻是礼仪文化学习中常被提及的经典案例。孟子与孔子一样，十分重视礼对于人的教化作用，并以身作则，严格要求自己及家人的行为举止。

有一天，孟子的妻子一人在家，便将双腿伸开而坐，也就是"箕踞"。这种坐姿看起来像箕一样，在古代常被视作一种傲慢无礼的行为。孟子回到家中，看到妻子居然这样坐着，向来守礼好德的他十分生气，扬言要将妻子休掉。

这时，孟母走过来问清楚事情的来龙去脉，训斥孟子说："没礼貌的是你，而不是你的妻子。进门时要发出声响，好让屋内之人有所准备，你贸然闯进去，没礼貌的人是你，不能责怪你的妻子。"孟子恍然大悟，深刻认识到自己的错误，再不敢提及休妻。

第四节 三礼之《仪礼》《礼记》

【典籍溯源】

> 凡治人之道，莫急于礼。礼有五经，莫重于祭。夫祭者，非物自外至者也，自中出生于心也。心怵而奉之以礼，是故唯贤者能尽祭之义。
>
> ——《礼记·祭统》

《礼记》分为《小戴礼记》和《大戴礼记》，《大戴礼记》流传不广，唐代已亡佚大半，现存最早的注本是北周卢辩所注。《小戴礼记》相传为西汉礼学家戴圣所编，共二十卷四十九篇，由郑玄为之作注，畅行于世。《礼记》是一部关于礼学的儒家经典，与《周礼》《仪礼》共同构成了"三礼"。

【礼俗文化】

《仪礼》是儒家"十三经"之一，传至汉代仅剩十七篇，详细完备地记载了春秋战国时期贵族生活中的各种礼仪活动，内容丰富繁杂，包括冠、婚、丧祭、朝聘、乡射五项典礼仪节。《仪礼》是儒家传习最早的一部书，成书于东周。朱熹说："《仪礼》，不是古人预作一书如此，初间只是以义起，渐渐相袭，行得好，只管巧，至于情文极细密、极周到处，圣人见此意思好，故录成书。"《仪礼》一书所反映的礼节形式，不仅有东周时周鲁各国的，也含有一些更早的远古社会传承下来的礼仪制度。

自古以来，统治阶级十分重视礼制，每个朝代都会制定一套人伦礼仪，用于巩固宗法制度，稳定等级秩序，加强统治。历代统治者在制定礼制时，均会以《仪礼》作为重要的参考史料。

《仪礼》侧重行为规范，而《礼记》偏重对具体礼仪的解释、论述。《礼记》涉及政治、法律、道德、哲学、历史、祭祀、文艺、日常生活、教化、家教等古代社会生活的方方面面，全面系统地阐述了先秦儒家关于哲学、教育、政治、美学等层面的思想观点，对于古代和现代的文化教育、和谐社会的建设具有积极的借鉴意义。

《礼记》内容庞杂，可分为四类：第一类是礼节性条文，对于别的书籍中所不具备的细微内容，进行了琐碎细致的补充，比如《曲礼》《檀弓》《丧服小记》《玉藻》《少仪》《大传》等篇；第二类则详细讲述了周礼的意义，比如《曾子问》《礼器》《郊特牲》《礼运》《内则》《乐记》《学记》等篇，其中《礼运》篇对于社会的发展提出了一个十分美好的理念——"世界大同"；第三类是对《仪礼》的注释，比如《冠义》《昏义》《聘义》《射义》《燕义》《乡饮酒义》等篇；第四类则是记载特定制度和政令的专篇，比如《王制》《文王世子》《明堂位》《月令》等篇。

儒家"三礼"是中国古代礼仪文化的典籍代表，内容丰富，涵盖了中国人社交生活的方方面面，集中体现了中华民族的世界观和价值观，是中华民族精神的物质载体，具有极高的学术价值和史料价值，部分内容传承千年，仍对当代的教育管理、素质修养具有重要影响。

【知识延伸】

苛政猛于虎

《礼记·檀弓》记载了这样一则故事。孔子路过泰山脚下，看见一个女子在墓前哭得十分凄惨，便命弟子子路前去询问缘由。子路问她："你怎么哭得这么伤心，是不是发生了很悲惨的事？"女子答道："之前我的公公被老虎咬死，后来我的丈夫也被老虎咬死，如今就连我的儿子都死于虎口！"孔子问她："那你为什么不搬到别的地方去呢？"女子说："因为这里没有残暴的政令。"孔子听后，对学生们感慨道："你们都记住，残暴的政令比老虎还要凶猛恐怖！"

第二章　五千年的风俗礼仪传承

第一节　远古时代的民俗

【典籍溯源】

　　未有火化，食草木之实、鸟兽之肉，饮其血，茹其毛。未有麻丝，衣其羽皮。

——《礼记·礼运》

　　上古时期，社会生产力极为低下，先民栉风沐雨，群居洞穴，茹毛饮血，披皮覆叶，只能利用天然物、天然火等现有的自然资源。原始社会生活中产生的具有社会性、团体性、习惯性的人类意识行为，便是人类社会最初的民俗。

【礼俗文化】

　　民俗是人类社会的产物，伴随着人类社会的出现而出现，是人类族群长期生活实践中所形成的群体习性。所以社会性、团体性是民俗最明显的特征。人类社会为民俗的形成和发展提供了适宜的环境，人类的所有社会活动，无不伴随着习俗的诞生。追溯民俗起源，也就是追溯人类社会的起源。

　　远古时期，原始人类在自然环境中劳动、生活、繁衍，逐渐形成了具有群体性、习惯性的人类意识行为，涉及社团、生产、生活、婚姻、丧葬、宗教礼俗等方面。随着社会生产力的不断提高，民俗内容和形式也越发丰富，获得了由粗至精、从简至繁的大发展。

上古社团民俗受血脉亲缘和经济利益影响，主要有家族群团、氏族群团、部落组织等形式，其发展趋势呈现了从原始群到母系氏族、从母系氏族到父系氏族的特点。此时的原始社会并没有产生国家政权，民俗是一切社交活动的规范。

上古生产民俗包括狩猎、采集、农耕、畜牧和手工业等内容。旧石器时代的中早期，由于社会生产力极为低下，原始人类只能利用天然火、天然物和简单粗糙的石器工具，进行狩猎、渔猎、采集活动；旧石器时代晚期，社会生产力迅速提高，人们已经学会储存火种、钻木取火、制作骨器等新型生产技术，生活习俗内容较之前期更加丰富；到了新石器时代，制陶术、农耕业、畜牧业、原始纺织业等的产生，使得民俗内容、形式越来越丰富多彩。

上古生活民俗主要体现在衣、食、住、行四个方面，饮食上由茹毛饮血转变为燔炮炙烹；衣着上由披皮覆叶向蚕丝织衣、穿麻着帛的方向发展；居住上出现了建筑地穴式、半地穴式房屋等新技术，北方先民由山洞穴居逐渐向半穴居转变，南方先民由巢居渐渐发展为建立干栏式建筑；出行上则体现了从原始徒步到制造车、船等代步工具的发展轨迹。

上古婚姻习俗展现了从杂居而婚、血缘族内群婚、血缘族外群婚、对偶婚到父系专偶婚等婚姻习俗的发展轨迹，获得了从原始蒙昧到古朴野蛮、从古朴野蛮到文明科学的大发展。

上古丧葬习俗或怪或异，或神或鬼，内容丰富，形式诡异。"百里不同风，千里不同俗。"丧葬习俗受时代、地理环境、民族文化、族属等因素的影响，带有浓厚的地域性、民族性。尽管千变万化，形式各异，但灵魂不灭、视死如生的原始观念始终占据着丧葬习俗文化的核心。

上古宗教礼俗的主要特征是笃定超自然力的存在和鬼神支配人类意

志的观念。在人类与自然长期搏斗的过程中，产生了与之相对应的节日风俗，原始宗教也逐渐兴盛繁荣，并发展出自然崇拜、图腾崇拜、灵魂崇拜、祖先崇拜等。

远古时代虽然历经漫长岁月，但也只是中国历史的童年时期。远古时期的民俗内容大多具有童稚天真、蒙昧无知的特点，怪异离奇，荒诞不经，虽与现代社会提倡的文明科学南辕北辙，但却是人类自身发展的必然过程。

【知识延伸】

上古精神民俗

社会生产力的发展催生了相应的精神民俗。原始先民在长期的劳作生产过程中，自发创作诗歌。例如，《弹歌》："断竹，续竹。飞土，逐宍。"意思是砍伐竹子，制成弹弓，用弹弓打出泥弹，追捕飞禽走兽。整段歌谣只有八个字，但涵盖了从制作工具到打猎的全过程，节奏轻快，朗朗上口，颇有情趣。

第二节　先秦时期的风俗礼仪

【典籍溯源】

　　五帝不相复，三代不相袭，各以治，非其相反，时变异也。

　　　　　　　　　　　　　　　　　　——《史记·秦始皇本纪》

　　《史记》是中国第一部纪传体通史，为西汉司马迁所著。这部典籍主要记载了古代中国从黄帝时代到汉武帝太初四年间长达三千多年的历史，涉及帝王、贵族、官吏、将士、学者、游侠、卜者、农工、商贾等各个社会阶层，囊括政治、经济、文化、科技、交通、民族、民俗、宗教等各个方面，可谓包罗万象，通晓古今。

　　风俗是人类社会的伴生物，随着社会不断发展，风俗在世代相袭的过程中也会发生与之相适应的改变，总体来看是由纯朴向驳杂转换。

【礼俗文化】

　　先秦时期的风俗文化与当时的政治、经济、地理环境等因素联系密切，受其影响或制约，在世代承袭的过程中表现出显著的变异性。

　　自夏开始，中国进入奴隶社会。夏、商、周以古代中原地区各氏族部落的民俗为中心，融合了周边各族的民俗，初步形成了中华民族统一的民俗格局。

　　夏时期留存的资料不多，其民俗已经大多不可考证。商代信奉鬼神，盛行神权统治，从出土的大量商代甲骨文可以看到当时的民俗生活，鬼神之说深入人心，影响社会生活的方方面面，大小事情都要进行占卜。周代在夏礼、殷礼的基础上形成了官方礼仪制度，此时的礼和俗两种行为规范系统，虽然在概念上相互独立，但在内容上达成了统一。

冠礼、教育、婚俗、葬俗作为中国古代风俗礼仪的四大块内容，有着非常重要的地位和十分深远的影响。

首先说冠礼。冠礼是贵族男子成年并被社会认可的仪式，因此被礼学家认为是礼仪风俗中非常重要的存在。冠礼是由原始氏族社会的成丁礼演变而来。上古时期，部落内的青年男女要经过严格的体力、智力测试，通过成丁礼才能够加入氏族，享有一定的权利。进入文明时代后，冠成为一种非常重要的服饰，于是冠礼便逐渐代替了成丁礼。

商代举行冠礼，通常需要巫师选定良辰吉日，还要在正式举行前三日进行"筮宾"，用筮法来挑选参加冠礼的来宾。在冠礼当日，行礼人要站在代表主人的位置举行戴冠仪式，由来宾为其加冠三次，加冠顺序为黑麻布冠、白鹿皮冠、细葛布或丝帛的冠，而后取字，至此冠礼基本完成。

在周代，人们行冠礼的岁数因为身份、地位不同而有所区别。地位越高的人举行冠礼的时间越早，国君和诸侯可在十二岁行冠礼，卿大夫是在十五岁，庶人则要等到二十岁。所以，男子年满二十岁称为"弱冠"。

其次是教育。周代男子与女子所学习的内容各不相同。男子以"六艺"为主，即礼、乐、射、御、书、数；女子主要学习梳妆打扮、礼节规矩和织纫之事，对于"六艺"大多是不涉及的。东周时期，孔子带头开设私学，开启了有教无类、因材施教的风气，私学教育就此兴起。

再次是婚俗。夏、商时期的婚俗还有些混乱，保留着不少上古时期的传统，族外婚制度仍占主导，但还有烝婚和报婚的风俗。烝婚，即父死后，儿子娶庶母为"烝"；报婚，即兄长或叔叔死后，弟弟或者侄子娶寡嫂或婶母为"报"。周代婚俗受等级制度的约束，有了很大的转变，出现了一夫一妻多妾制。

最后是葬俗。夏、商时期以棺椁作为葬具，且保留了原始时期的"饭含"习俗。商代是"饭含"习俗最盛行的时期，厚葬和人殉的习俗也甚为流行。这些习俗在东周时期才逐渐衰落。

夏、商、周时期的风俗文化圈已基本形成，早期农耕时代的各种风俗活动已经具有雏形。周代的礼俗文化是后代礼俗文化的源头。可以说，周代的农业生产风俗、婚姻习俗等是后来秦汉统一风俗的主要习俗基础。

【知识延伸】

周代媒婚

自周代开始，中国便产生了媒婚，两性婚姻要有"媒妁"的参与。《诗经·卫风·氓》曰："匪我愆期，子无良媒。"周朝规定，婴孩取名后要去官府登记造册，到了适婚年纪，由专门掌管两性婚姻的媒官组织婚配。所有的嫁娶活动都必须向官府报备，否则将受到严厉的惩罚。

第三节　秦汉魏晋风俗礼仪

【典籍溯源】

> 凡民函五常之性，而其刚柔缓急，音声不同，系水土之风气，故谓之风；好恶取舍，动静亡常，随君上之情欲，故谓之俗。
>
> ——《汉书·地理志》

《汉书》，又称《前汉书》，为东汉史学家班固编撰。此部典籍主要记载了汉高祖元年到新朝王莽地皇四年两百余年的历史，是中国第一部纪传体断代史。

东汉时期，学者对于风俗理论有了初步的共识，赋予"风俗"自然和人文的双重意义。受自然环境影响形成的地方习气叫作"风"，而受社会环境影响形成的人情习惯叫作"俗"。"风俗"即是特定自然地域、特定社会族群承袭演变下来的风土习俗的统称。

【礼俗文化】

秦汉时期是中国历史上第一个大一统时期，统一多民族国家的建立，促进了社会的迅速发展。而政治高度统一，经济飞速发展，文化日益繁荣，各地区、各民族友好往来，为秦汉时期风俗的融汇创造了有利条件。与前代相比，秦汉时期出现了更加绚丽多姿的民俗事象，以及更加全面具体的民俗文献资料。

魏晋南北朝时期，社会动荡不安，政权交替频繁，经济凋敝衰落，再加上异族入侵对汉文化的冲击，使得这一时期的风俗为适应社会环境的需要产生了极大改变。

不同历史阶段的社会特点不同，风俗礼仪也各不相同。下面主要从衣、食、住、行、婚姻、丧葬等方面简要介绍秦汉魏晋时期的风俗礼仪。

从服饰方面看，秦汉时期已经形成了具有自身特色的服饰制度，冠、上衣、下衣、履、腰带等服饰具有一定的等级和礼仪含义，不同阶级、不同场合、不同民族、不同环境要穿着对应的衣服，不可逾矩。上流社会通常衣着华丽，下层阶级则以御寒防暑、保护身体为主。魏晋南北朝时期，胡服与汉服在黄河流域平分秋色，北方服饰呈现出"胡化"的倾向。南方盛行穿屐，而北方则流行穿靴；发式、冠巾、服制和配饰方面均表现出各自的特色。

从饮食方面看，秦汉时期因社会地位和经济状况的差别，人们每天吃饭的次数各有不同，天子每日四餐，诸侯贵族每日三餐，社会通行的餐制则是每日两餐。魏晋南北朝时期，受地理因素影响，南方多吃米，喜欢吃鱼、虾、蟹等食物，流行喝茶；北方则多吃面食，喜欢家畜肉食，本是胡人喜食的乳酪，成为了北方广泛流行的副食。

从居住方面看，秦汉时期的住宅可分为庭院式、楼阁式和干栏式三种。贵族府邸多为前堂后寝，贫民多住茅茨竹庐。魏晋南北朝时期，贵族的住宅形式趋于园林化发展，平民房屋以平房为主，贫民多为茅屋。与此同时，道、佛相互交融，道观和寺庙极为兴盛。

从出行方面看，秦汉时期的水路交通相比前代要发达许多，驰道作为陆地交通网的主干，可通向全国各主要城市。陆路交通以车为主，水路交通则以船为主。魏晋南北朝时期，驰道渐渐衰退，私家逆旅高度发达，车乘向礼制化发展，辇舆开始被普遍使用。

从婚姻方面看，在秦汉时期，女子再嫁和改嫁的现象十分普遍。魏晋南北朝时期的婚礼多不遵守古制，流行早婚和近亲结婚，还有指腹为婚和冥婚的习俗。此时的婚姻受到等级制度的影响，维护阶级利益的门第婚姻逐渐流行起来，成为魏晋时期的主流婚姻形态。

从丧葬方面看，秦汉时期的丧葬礼俗经历了两个阶段：第一个阶段沿袭前代传统，注重棺椁、礼器规范，墓室内进行装饰，常以珠宝与实用的器皿殉葬；第二个阶段由于儒家思想的影响，开始出现象征性的墓室、器具和俑，并且厚葬之风极为盛行。魏晋南北朝时期丧葬形式繁多，以土葬最为盛行，注重葬地的风水，厚葬与薄葬并行。

总的来说，秦汉魏晋时期的风俗礼仪沿袭前代传统，在原有基础上进行了发展与剔除，并衍生出具有新时代面貌特色的风俗。这也证明了风俗本身所具有的相对稳定性、传承性和变异性。

【知识延伸】

人琴俱亡的故事

魏晋南北朝的丧事不重葬礼，更注重至情至性的哀悼。王献之去世后，其兄王徽之前去奔丧，一路上都没有哭。他走进去坐在灵床上，将王献之平时喜爱的琴取下来弹奏，却怎么也弹不出美好和谐的曲调。王徽之内心十分悲伤，将琴摔在地上，大哭道："子敬，子敬，人琴俱亡！"如今"人琴俱亡"常用来形容对已故至亲、好友、知己的怀念之情。

第四节 隋唐大融合下的礼仪习俗

【典籍溯源】

> 风俗奢靡，不依格令，绮罗锦绣，随所好尚。上自宫掖，下至匹庶，递相仿效，贵贱无别。
>
> ——《旧唐书·舆服志》

《旧唐书》成书于后晋开运二年，共二百卷，包括《本纪》二十卷、《志》三十卷、《列传》一百五十卷，主要记载唐代自高祖武德元年（618年）至哀帝天祐四年（907年）近三百年的历史，这是现存最早记录唐代历史的纪传体史书。

隋唐时期，随着社会生产力的发展和生活水平的提高，纺织物已有绮、锦、纱、绫、绢等名贵品种，体现出服饰丰繁的特点。

【礼俗文化】

隋唐时期是中国历史上国力最为强盛的时期，政治制度完备统一，经济高速发展，社会秩序和谐安定，多民族文化经济交流融合。经过民族大融合，这一时期的风俗礼仪不断整合，已经达到成熟的状态，具有广泛性、普遍性的特征。

服饰方面，隋唐时期的服饰风俗主要有四个特点：第一是等级森严。隋唐沿袭魏晋旧制，实行森严的等级制度，通过衣服颜色、革带、鱼符来显示尊卑有分、上下有等。第二是胡汉融合。唐代流行的"时世装""回

23

鹘装"便是从吐蕃、回鹘等地传入的。胡帽、蛮靴等服饰的流行无不体现着胡汉融合的特色。第三是花式纷繁。隋唐时期的服饰发展进入全盛时期，服饰的样式、图案、颜色都呈现出前所未有的新局面。例如，当时的女裙就有长裙、仙裙、纱裙、罗裙、石榴裙、百鸟毛裙等几十种款式，丰美艳丽，琳琅满目；女子的妆发更是花样翻新，有交心髻、坠马髻、百合髻、乌蛮髻、祥云髻等近百种样式，令人眼花缭乱。第四是追求时尚。白居易《上阳白发人》云："小头鞋履窄衣裳，青黛点眉眉细长。外人不见见应笑，天宝末年时世妆。"唐代已经有了明确的时尚观念，女着男装、高髻巍巍、袒胸露腹等装扮方式的流行，体现出唐代服饰标新立异、追求时尚的风俗特色。

饮食方面，隋唐的饮食文化发展到了一个新高度，品种丰富多彩，制作工艺精良。唐人的丰腴之美，少不了来自饮食的加持。隋唐时期，交通便利，商贸活动频繁，也带来饮食上的直观变化，西域的物品流入中原腹地，胡食、胡酒备受中原民众青睐，并且影响了唐代饮食文化。与此同时，佛教、道教的兴盛对当时的饮食文化产生了冲击，出现了许多素菜和花式菜肴。食素用斋成为一种时代特色。

居住方面，隋唐时期皇家的宫殿大多追求豪华富丽，官吏府邸多为朱门素壁的设计，而寻常百姓的宅院则多为三架四舍。此时，园林建筑兴起，人们开始讲究住宅的环境，重视居住地的绿化和风水。

出行方面，隋唐时期的交通制度更加成熟，主要表现在交通路线的严密交织，车、肩舆等交通工具的广泛使用，船舶制造技术的不断更新突破，私人旅舍的普遍开设。此外，饯别、折柳、送行等送别习俗逐渐定型，成为中国古代交通文化的重要组成部分。

婚嫁方面，隋唐婚姻讲究父母之命，媒妁之言。唐代通过立法的形式，规定男女婚姻由父母决定，子女是没有反抗权利的。不仅如此，隋唐婚姻还极重等级观念，若违反法律结亲，比如良贱通婚，将受到严惩。

丧葬方面，隋唐时期的丧葬礼仪制度很完善，下葬的方式有很多种，包括土葬、火葬、塔葬、悬棺葬等，并且讲究夫妻合葬。另外，厚葬的风气再次复兴，上至王公贵族，下至庶民百姓，无一不追求丧葬铺张。

隋唐时期是我国历史上最为繁盛的时期，政治、经济高度发展，文化艺术百花齐放，对外交流频繁，经济、政治、军事、文化等方方面面无不显示出雄厚、稳固的根基和旺盛的生命力。在隋唐民族融合、文化开放的大背景下，礼仪融合更加透彻，形成新的礼仪风俗。

【知识延伸】

隋唐改嫁风俗

隋唐属于开放型社会，最能体现这一特点的风俗莫过于婚俗。隋唐时期民风开放，无论后妃公主，还是贵族仕宦女子，抑或下层妇女，改嫁的现象十分普遍，且道德压力不大。这与传统礼教的衰弛和外来文化的融入有密切联系。

第五节　宋辽金元礼仪传承

【典籍溯源】

　　诸应分田宅者，及财物，兄弟均分，妻家所得之财，不在分限。兄弟亡者，子承父分。兄弟俱亡，则诸子均分。其未娶妻者，别与聘财。姑姊妹在室者，减聘财之半。寡妻妾无男者，承夫分。若夫兄弟皆亡，同一子之分。

　　　　　　　　　　　　　　　　　　——《宋刑统·户婚律》

　　《宋刑统》是我国历史上首部刊印颁行的法典，全称《宋建隆重详定刑统》，由宋太祖诏令颁行全国。《宋刑统》的内容与唐律基本一致，除了收录本朝的诏敕，也将唐代的一些法令、条例收纳其中作为参考，后来在实行的过程中，根据具体情形又做出了相应的修改，是一部全面且较为完善的法典。

　　宋代法律给予了男女同样的财产继承权，无论女子是否出嫁，都享有财产继承权。宋律制定财产制度，促进了厚嫁之风的盛行。

【礼俗文化】

　　宋辽金元，是对中国历史上的宋朝、辽朝、金朝和元朝四朝的合称。这一阶段属于多民族竞争时期，几大政权此消彼长，北宋与辽、西夏三足鼎立，南宋与金、元南北对峙。在征战与和平的交替中，中原文化与契丹族、蒙古族、女真族等少数民族的文化交会，使得各民族风俗融合，这一时期的风俗礼仪繁杂多样，风格迥异，各具特色。

服装方面，服饰是整体趋于拘谨质朴的。宋朝有官职在身的男子常服多为黑白两色，而没有官职的男子多穿白布袍。办公时男子多穿朝服，日常则以襕衫为主。而女子服饰主要是衫、襦、袄、背子、裙、袍、褙、深衣等。辽、金、元虽然是与宋朝共存的北方政权，但在生活方式上与宋朝有着明显的差异。对于习惯了游猎生活的北方人来说，宽衣大袖的服装并不实用，便于骑射和抵御寒冷的功能才是他们所需要的。辽朝对汉和契丹的统治采取两套行政体系——南北面官，南官以汉制治汉人，北官以契丹制治契丹。皇帝、南官常服为汉服，皇后、北官常服为契丹服，平民则多穿由动物皮毛制成的较为厚重的衣袍。金朝服饰有带、巾、盘领衣和乌皮靴四类；元朝服饰则以窄袖长袍为主，在较大的宴会或者活动庆典上，皇帝和官员要穿上统一颜色的质孙服，场面壮观，可以说是元代服饰的大展览。

饮食方面，宋代发达的农业生产促使生活方式发生了转变，社会通行餐制从一日两餐改为一日三餐。另外，南北饮食文化迥异，北方人喜爱面食，南方人因地制宜，多吃稻米；北方多吃牛羊肉，南方则多吃鱼。除此之外，各种素食、糕点、小吃、果汁饮料和鲜花饮料也十分流行，体现出雅致的特征。辽朝受环境影响，食材以肉类为主，包括猪、羊、鸡、鹿、兔、牛、鱼、虾等，辽人主食喜欢吃粥、煎炸食品和腌制的食品等。金人多以肉、饭、粥、面食等为主要食品。元朝时蒙古族多吃肉食，汉族则多吃蔬菜，辅以肉类、果品等。

居住方面，宋朝的房屋建筑具有一定的等级意义，不同阶级对应不同规格的房屋建筑。另外，人们格外注重居住地的环境，"卜居"风气盛行。宋朝的房屋多为坐北朝南，开间宽敞，且住宅由茅草屋转变为瓦屋。辽人的房屋包括车帐、穹隆式毡房、山林棚舍、地穴或半地穴式建筑等，以车帐居多。金人的房屋有木屋、毡帐、茅舍等。元朝人住宅多为土房、砖房，还有用石头垒筑的和木结构的房屋。

婚嫁方面，宋朝婚俗不论门阀论钱财，盛行厚嫁之风，"嫁女一百贯，娶妻五十贯"。厚嫁婚俗对于后世的婚嫁习俗产生了深刻影响。此外，儒学的复兴束缚了女性再嫁的自由，"妇人，从人者也，幼从父兄，嫁从夫，夫死从子"，理学对于贞洁观的严格要求，促使女性再嫁之风逐渐衰落。辽金婚嫁基本沿袭前朝。元朝的婚嫁风俗以男方婚俗为主，各族人自相婚姻，各从本族法。

丧葬方面，宋代丧葬礼仪与古法大不相同。宋代提倡厚养薄葬，棺木内不放置金银财物，在如今看来依然是十分进步的观念。大思想家顾炎武言："火葬之俗盛行于江南，自宋时已有之。"宋代是举行火葬最多的朝代，与前代提倡的"入土为安"可谓大相径庭。在宋代，传统的丧葬礼制已经不复存在。元朝在葬式、丧服、丧事等方面，规定各族人可以遵从本族的习俗。蒙古族的丧葬多为土葬，不设坟地，比较富有的人有棺材，普通人以帐幕、马匹、武器等随葬，贵族则以金银珍宝为殉葬品。

宋、辽、金、元是中国历史上重要的民族大融合时期，一方面，中原文化层层推进，成为文化交流与融合的主导力量；另一方面，少数民族的风俗习气也对中原文化产生了影响。不同民族风格的风俗元素交互融合，成为新的习俗，随着朝代的更替，这种风俗传承下去，成为中国风俗史上极为重要的组成部分。

【知识延伸】

宋代墓葬风水习俗

宋代民间盛行风水学说，丧葬之事一般由葬师"卜宅兆、葬日"，即挑选下葬地址及时日。这种做法既缺乏科学道理，又为行丧礼的人家带去了不少麻烦。若是葬师选定的墓地离家太远，那么子孙凿墓出殡就要受累；若是葬师久久不能拟定葬日，那么棺材就要时隔几年甚至十几年才能下葬。北宋史学家司马光对此极为不满，言："夫阴阳之书，使人拘而多畏，至于丧葬，为害尤甚。"司马光还撰写了《葬论》一书，批判当时盛行的墓葬风水学。

第六节　明清世俗化的中华风俗

【典籍溯源】

今之富家巨室，穷山之珍，竭水之错，南方之蛎房，北方之熊掌，东海之鳆炙，西域之马奶，真昔人所谓富有小四海者，一筵之费，竭中家之产，不能办也。

——《五杂组》

《五杂组》是明代谢肇淛编撰的随笔札记，全书采用分类记述的方法，记载了明代万历之前的政局时事、风土人情，以及作者的读书心得、事理分析等，涉及社会经济、政治、文化、地理、风俗、节日等方面的内容，是了解明朝社会状况的重要资料。

明朝中后期，饮食文化由俭入奢，新奇美食层出不穷，由士大夫、贵族阶级引领的饮食文化走在潮流前列，一席食宴便可倾尽平民百姓的家底。

【礼俗文化】

明清时期在中国历史上有特殊的地位，是古今中西交会的时代。这个时期的礼仪风俗既传承了古老的文化生活传统，又有新时代的内涵特点，民俗生活的空间空前广阔，人们对于生活的情趣与选择越发丰富多样。明清民俗的主要发展趋势为世俗化，信仰民俗、娱乐民俗、生活民俗等民俗种类都以社会生活的需要为前提。

　　服装方面，明朝推崇汉族文化，以"上承周汉，下取唐宋"的原则制定了新的服饰制度。明代的男装大多是青布直身的宽大长衣，头戴四方平定巾，女子多为短衫长裙，外加云肩、比甲等。百官头戴乌纱帽，穿圆领袍，对袍服的品色、胸背上的补子图案、所配腰带的质地都有规定，以此区分不同的官阶品级。清代则以暴力手段，按满族习俗统一男子服饰，男子身着瘦削的马蹄袖、紧袜、深统靴。满族女子主要穿旗装，款式宽大简约。汉族妇女服装则保留着明代款式。清代官服多为长袍马褂，前后开衩，当胸钉石青补子一方，补子图案和等级顺序与明代大同小异。

　　饮食方面，明清时期的饮食文化既继承了唐宋传统，又融合了满族、蒙古族等少数民族的特色。明朝民众的日常饮食习惯与前代相仿，"南人饭米，北人饭面，常也"，中原地区的人多吃粮食和蔬菜，以肉食为辅，边陲地区的少数民族则多吃肉食，少吃蔬菜。明代饮食文化呈现由简入繁的过程，早期崇尚节俭，上至君王，下至百姓，无一不秉持节俭的饮食作风，而到了中后期，奢靡腐败之风盛行，饮食文化趋于多元化、精细化，饮食品种空前丰富，诞生了很多美食家和大量的美食整理类著作。清代承袭明制，在宫廷内，内务府与光禄寺为膳食预备机构，菜肴主要由满族菜、山东菜、苏杭菜组成。清代官场筵宴从两个民族分开饮食到满汉全席，反映了民族饮食文化相互渗透融汇的历史过程。

　　居住方面，明清时期的建筑是中国古代建筑史上的最后一个高潮。明代大造宫苑、陵园，在建筑构建方面已经标准化、定型化。民间建筑的数量和质量都赶超前代，作坊、商铺、舞台、会馆、园林等建筑都在前代基础上有了很大发展。清代建筑风格更倾向于工巧华丽，后来还出现了不少中西合璧的新型样式。

　　交通方面，明清时期的交通习俗、交通制度、交通路线，经过前代的发展基本完善，交通工具依然以车、轿、船，以及马、驴等牲畜为主。明代交通主要有水、路两种，北方地区的交通工具主要为马车，南方则为船舶，并且对于各种交通工具的形制、规模等方面有了更加严格的等级规定。清代交通工具更加丰富，有马车、冰车、大鞍车、骡车、敞车、驴车、独轮车和人力车，晚清之后引入火车、轮船等西方近代交通运输工具。

明清时期的社会风俗习惯是在继承前朝的基础上发展并完善的，是中国传统风俗的总结，呈现出鲜明的时代特征，在中国风俗史上有独特的地位。

【知识延伸】

明代中后期繁荣的饮食文化

明代中后期，各地传统美食庞杂丰富。例如，北京有马牙松、苹婆果；嘉兴有陶庄黄雀、马鲛鱼脯；苏州有山茶糕、白圆、橄榄脯……除了本土美食不断地推陈出新，马铃薯、花生、玉米、胡椒、丁香、甘薯、豆蔻等一系列新型农作物的引进，也大大丰富了民众的餐桌，使得明朝中后期的饮食文化达到了传统美食的巅峰。

第三章　言行举止中的风雅礼俗

第一节　古人的字与号

【典籍溯源】

> 冠而字之，敬其名也。自谦称名，他人则称字也。
>
> ——《仪礼·士冠礼》

《仪礼》主要记述了士大夫阶层的礼仪，因此又叫作《士礼》。

在古人看来，"名"是个人在社会生活中使用的符号，在君王或长辈面前才能使用，平辈或晚辈间不可直呼。"字"一般是对名的解释和补充，即"表其取名之义"。

【礼俗文化】

在中国古代，人们非常重视名字，在取名方面非常讲究，在本名之外，有身份的人还会另外取字和号。"字"是名外之名，独立于"名"之外，却又与"名"保持着某种特殊的关联。而"号"一般用于文人墨客之间互称或自称，类似于现代人的笔名。

《礼记·檀弓上》"幼名，冠字"孔颖达疏："始生三月而加名，故云幼名也；冠字者，人年二十有为人父之道，朋友等类不可复呼其名，故冠而加字。""名"是跟随人一生的社会符号。古时候，一个人出生三个月后，长辈便会为其取名，方便呼唤。等到成年后，有一定身份的人还会另取"字"，作为对"名"的补充。"字"与"名"互为表里，所以又称"表字"。古代男子二十岁，便要举行冠礼，标志着男子成年了，可以进入社会了。走入社会之后，朋友或者同僚就要称他的字而不是名。冠礼是古代士子的礼节，一般的庶民百姓是没有这种待遇的，所以表字并不是人人都可取的，有身份的人才有取表字的资格。

女子长大后离家许嫁也要取字，"待字"成为女子等待出嫁的标志，所以人们常常用"待字闺中"来形容古代还未出嫁的少女。女子许嫁时，便要举行笄礼，而后取字，以供朋友称呼。

古人对于取字十分讲究，大多数情况下，字的选取与名保持着密切的联系，常见的有以下几种。

第一种是并列，字和名的意义相同。比如屈平，字原，古语中"广平曰原"，二者意思相同，属于并列的关系。

第二种是辅助，字和名的意义相近但又有所出入。比如陆机，字士衡，机和衡都是北斗星宿的名字，二者互为补充。

第三种是矛盾，字和名的意义恰好相反。比如朱熹，字元晦，熹意为晨光，表示天亮，而晦是指黑夜。

第四种是扩充，字与名的意义相互顺承或者用来修饰、解释名。比如赵云，字子龙，《周易》中有"云从龙，风从虎"的语句，二者意义相顺；又如于谦，字廷益，则来自《尚书》的"谦受益"，两者出自同一句话，互为因果。

第五种是延伸，字意为名的延伸。比如李白，字太白，太白指的是太白金星，是对白字的延伸。

"号"也叫作"别称""别字""别号"，往往用于文人雅士的相互称呼。《周礼·春官宗伯·大祝》中云号"为尊其名更为美称焉"。"号"中往往包含着主人的文化底蕴、情怀品格、生活态度或者人生经历等，是人生追求的体现。相比名和字，古人别号的选取并没有太多的限制，可以自取，也可以由旁人送上，无论是字数还是字词的选用都较为自由。有时，可以用生活住所为号，比如不为五斗米折腰的东晋著名诗人陶潜，自号"五柳先生"，这个号便是根据他住所前的五棵柳树而得来的；又如唐代的大诗人白居易，晚年居住在香山上，所以自号为"香山居士"。

有时，也可根据官职、郡望等选取别号。比如柳宗元被称为"柳河东"，王维被称为"王右丞"，杜甫被称为"杜工部"。

帝王、士大夫死后被授予的谥号、庙号也属于别号，如"范文正公""曾文正公""秦穆公""左忠毅公"等。

古人对于名、字、号的讲究颇多，其中多寄托着他们的情怀、品格、兴趣爱好和生活经历等，显示了中国几千年文明的文化底蕴和礼仪习俗。

【知识延伸】

别号知多少

"号"很早就已经有了，但早期并不流行，直到唐宋时期，大多数人才开始取号。明清时期，取号已经成了文人墨客间的风尚。"号"一般用于文人墨客的自称或敬称，如王维号"摩诘居士"、李白号"青莲居士"、杜甫号"少陵野老"、欧阳修号"六一居士"、苏轼号"东坡居士"、李清照号"易安居士"、范成大号"石湖居士"、辛弃疾号"稼轩居士"、蒲松龄号"柳泉居士"，等等。这些别号大多凸显出主人的志趣、情感。

第二节　敬语和谦语中透露的文雅

【典籍溯源】

夫礼者，自卑而尊人。虽负贩者，必有尊也，而况富贵乎？

富贵而知好礼，则不骄不淫；贫贱而知好礼，则志不慑。

——《礼记·曲礼上》

要表达"自卑"就用谦语，表达"尊人"就用敬语，二者合称为"谦敬语"。在日常交际中，人们常常使用谦语和敬语，借以体现社会礼仪和个人文化修养。

【礼俗文化】

中国人非常看重礼节，在日常交往中，人们在打招呼、谈话、祝福、问候时经常要借助谦语和敬语表示尊敬之意。谦敬语是中华文化中特有的语言文化现象，它的出现与中国古代的社会观念和风气息息相关。

首先，和长幼尊卑的观念有关。在中国古代社会，人们的身份地位有着严格的划分，甚至根据人的品格、职业等将人分为圣人、神人、至人等不同的层次。

在周代的礼制中，人就被分为十个等级。《左传·昭公七年》中有对周代礼制的介绍，"天有十日，人有十等。下所以事上，上所以共神也"。因此在后世的传统社会中一直遵循着这套森严的等级制度，形成了浓厚的长幼尊卑的观念。

　　长幼尊卑的秩序，严格按照年龄大小、辈分高低进行区分，与地位比自己高的人、长辈或者平辈交谈时，不能随意称呼对方的名字，要按照身份地位选择相应的谦敬语。尤其是在中国古代社会，等级分明，官职高低是区分人之贵贱、权力大小、地位高低的标志。

　　其次，受崇尚谦让的传统影响。在中国古代，以孔孟为代表的儒家思想盛行，并形成了浓厚的崇尚儒学的氛围。儒家讲究仁、礼，在此影响之下，古人多讲究礼节，注重谦让，这多表现在行为与礼仪上，语言上则表现为使用谦敬语。

　　古人常用敬语直接表达自己的敬意或者使用谦语表达自己的恭敬，抬高别人，贬低自己，让对方产生心理上的优越感。与此同时，使用谦敬语会让人感觉恭谦、知书达礼，符合儒家文化要求的仁和礼。

　　在古代中国，谦敬语得到了广泛的应用，上至皇帝贵族，下至官员平民，都有对应的谦称，如皇帝自谦：朕、寡人、孤等；大臣自谦：老臣、微臣、卑臣等，不胜枚举。在此文化影响之下，人们不仅对自己用谦称，就连对与自己相关的事物、动作也使用谦称。

　　最后，与古代语言美的要求有关。古人重视各地方言的统一，于是出现了雅言。雅言是古代的通用语，相当于现代的普通话。早期的雅言是指夏言，夏、商、周的雅言一脉相承。相传孔子教学就是用雅言，《论语·述而》中记载："子所雅言，诗、书、执礼，皆雅言也。"孔子对雅言的推崇，源自他对文王和周礼的崇拜。

　　谦敬语在中国古代人们的日常交际中是必不可少的，至今谦敬语仍活跃在我们的语言之中。

【知识延伸】

常见的谦敬语

　　谦敬语使用得体，体现的是一个人的修养与品位。常见的谦语有很多，例如：

"拙"字，就是谦称自己的文章、见解等，比如拙笔、拙见等；

"小"字，就是谦称自己或与自己有关的人或事物，比如小弟、小女、小生等；

"薄"字，就是谦称自己的事物，比如薄礼、薄酒、薄面等；

"鄙"字，就是谦称自己或自己的事物，比如鄙人、鄙意、鄙见等；

"舍"字，就是谦称辈分低或者年纪比较小的亲属，比如舍弟、舍妹等。

除了这些自成一族的谦语，还有一些零散的谦语，数量不多，比较容易掌握，比如犬子、妾身、奴、斗胆、错爱等。

敬语与谦语在数量上不相上下，常见的有：

"令"字，就是尊称他人的亲属，比如令尊、令堂、令爱等；

"尊"字，就是尊称与对方有关的人或者物，比如尊上、尊亲、尊驾等；

"高"字，就是尊称别人的亲属或事物，比如高堂、高就、高见；

"先"字，就是对已逝的地位高或年长的人的尊称，比如先帝、先贤、先慈等。

第三节　行祺与商祺，国人的书信礼仪

【典籍溯源】

　　言语之美，穆穆皇皇。

——《礼记·少仪》

　　中国作为"礼仪之邦"，崇尚君子风度，素来以自谦敬人为原则，强调与人说话要尊敬和气，彬彬有礼，书面用语更是如此。书信内容体现了一个人的文化素质和品格涵养，因此，书信语言得体是一个很重要的问题。

【礼俗文化】

　　中国人讲礼、习礼、懂礼，人们的社交和情感交流大多通过一定的礼仪形式和礼仪活动来进行。书信是一种古老的交流方式，人们用文字向特定的对象传递信息，并带给收信人"见字如面"的亲切感。

　　书信是人们抒发情感、述说事情原委的应用文书，写作流程包含丰富的礼仪内容。一封完整的书信必须具备笺文和封文两大要素。笺文是写在信笺上的文字，主要是寄信人对收信人的问候、要说的话、祝愿等。笺文是书信文化的主体，决定了书信的风格特征，或繁或简，或俗或雅。封文是写在信封上的文字，包含收信人的地址、姓名和寄信人的地址、姓名等信息。有了封文，邮递人员才能知晓书信从哪里来，要寄往哪里去，若是投递失败，还能根据封文将书信退还给寄信人。

书信其实就是一种书面交流形式，既然要进行交流，首先就要向交流对象打招呼问好，表达对对方尊重之意，接着要说两句应酬语，自然而然地引出想说的主题，谈完正事后，还要说几句象征性的结束语，然后写好署名和写信时间。总体来说，书信的内容包含称谓语、提称语、思慕语、正文、祝愿语和署名六个部分。

称谓语，即寄信人对收信人的称呼。我国向来重视长幼有序，尊卑有别，因此，在交际活动中，人们常用敬语称呼对方，写信时尤其如此。笺文中的称谓可以选用名、字、号、官职、双方的私关系、尊词等，来表达对收信人的尊重。从这些称谓语中可以清晰地看到各种人伦名分关系。

提称语，是附在称谓语后面，用来提高称谓的词语，有的表示对收信人的尊敬，有的则是请收信人查阅信件的意思。我国书信文化特别讲究提称语与称谓语的搭配，比如对于德高望重的师长，多用尊鉴等以示尊敬；对于平辈，大多使用台鉴、大鉴、惠鉴等；对于晚辈，则多用青鉴、青览、收览等。

思慕语，即书信开头的应酬语，一般述说正文前，要写几句寒暄问候或者说明写信原因的话语，以引出正文。思慕语一般分为两类：一类是人事叙别，寄信人用诚恳的态度，禀报事情，请求收信人阅读这封信；另一类是据不同的情况，或寒暄客气，或说明写信原委，经常借用节令、地点抒发思想感情，又或者使用钦佩语、问候语、祝贺语、致歉语等。

正文，即寄信人想要传达给收信人的信息，是书信的主体部分。在正文的写作过程中，要注意两点：其一是书信语言必须合乎规范，要根据双方的关系使用谦敬语，不可失礼；其二是情理通达，所述之事真实，所论之理通顺，所叙之情率真，做到言之有物，条理清晰。

祝愿是正文结尾的问候。正事说完之后，直接结束显得不太礼貌，就像是平常到朋友家拜访，告辞之前通常都要说两句应酬语，书信也是如此，结尾处一般要说一两句客气话，表示对收信人的祝福。寄信人要根据收信人的身份选择祝福语，比如给长辈写信就用"敬颂崇祺"，给平辈写信就用"顺颂时祺"，给晚辈写信就用"即颂""顺问"。

署名，是在笺文结尾的右下方写上寄信人的名字，名字之前要加上相应的自称，如弟、孙、侄等。署名之后要选用适当的礼告敬辞。礼告敬辞的使用应符合写信人与收信人之间的关系，对于尊长，常使用：叩、叩上、敬禀；对长辈，常使用：拜禀、恭上、拜上、敬启；对平辈，常使用：上、敬上、顿首、上言、启等；对晚辈，常使用：字、示、白、草示等。一封书信的自称和礼告敬辞与信件开头的称谓语是相契合的，它们清晰地反映出了写信人与收信人之间的关系和感情。

千百年来，人们将感情寄托在一封封书信中，跨过千万里联系彼此，书信承载的不仅是一份思念，更是浓浓的情谊。

【知识延伸】

私关系称谓语的选用

私关系称谓语有家庭关系、亲戚关系、师友世交关系等。依照习俗，对他人称呼自家长辈，要在关系称谓前加上"家"字，如：家父、家母；若尊辈已故，则要将"家"字换成"先"字，如：先祖父、先父。称呼家中平辈或晚辈，要在关系称谓前加上"舍"字，如舍妹；倘若平辈或晚辈已故，则要将"舍"字换成"亡"字，如亡妻。自称时加"愚"字，如愚兄。

第四节　行走坐立，"礼"不可少

【典籍溯源】

> 堂上接武，堂下布武，室中不翔。
>
> ——《礼记·曲礼上》

古人对于走路的步法十分讲究，因此有了行走的礼节。"武"即足迹，堂上面积较小，适宜小步行走，"接武"意为脚印相互连接；堂下宽敞，走起路来不必有顾虑，"布武"即为脚印不相连接。这些走路礼节，初看觉得繁缛，似乎走路都不自由，实则相当符合生活场景，切合堂上、堂下的空间状况。

【礼俗文化】

在社会生活中，礼无处不在，婚嫁丧葬有礼，衣食住行有礼，坐立行走也有礼。俗话说："坐有坐相，站有站相。"坐立行走透露着一个人的修养气质。举手投足风雅的人必然受到了良好的教育，极易给人留下懂礼讲礼的良好印象；反之，举止轻浮、行事粗鄙的人给人留下的印象就不是很好了。"不学礼，无以立"，坐立行走的良好仪态是良好素养的体现。

中国人讲究站如松、坐如钟、行如风。站姿应当像松树一样挺拔，给人以落落大方、自信疏朗的感觉；坐姿要稳重如钟，正襟危坐，给人以端庄严谨的印象；行走步态要像疾风一般，朝气蓬勃，自信昂扬，展现乐观向上、阳光活泼的精神状态。

在中国古代社会，古人对于坐立行走的礼仪也有相应的要求。古人对于坐姿极其讲究，《礼记》中记载了古人对坐姿的礼仪要求，如"坐如尸""坐不中席""坐毋箕"等。"坐如尸"强调坐姿端正，即正襟危坐；"坐不中席"强调进食之礼，要将餐桌的主位留给尊长，以示恭敬；"坐毋箕"是说不要像簸箕一样两脚张开而坐，这样的坐姿是极其失礼的。

《礼记》对于站姿的要求是"立如齐""立勿跛""立不中门"。站立时不可歪斜，要端正持敬，不偏不倚，不能站在门的正中间。古代常见的站姿有恭立、肃立、卑立。"恭立"意为恭敬地站立，这是对他人尊重的表现，如"长无言，退恭立"；"肃立"是肃穆地躬身站立，"因以磬折曰肃立"，关键要领是弯腰；"卑立"是谦恭地站立，"因以垂佩曰卑立"，需要尽力弯腰才能让挂在衣带上的饰物下垂，比之肃立更加卑微。

古人对于走法也有着严格的要求。《尔雅·释宫》记载："室中谓之时，堂上谓之行，堂下谓之步，门外谓之趋，中庭谓之走，大路谓之奔。"古人非常重视行走间的礼节。在古代，地位低的人从地位高的人面前走过时，要低头弯腰，小步快走，以表示对尊长的敬重，这就是"趋礼"。其实，行走的礼仪在现代社会也十分普遍，比如客人上门时，主家便会快步上前迎客，寒暄问候；在电影院观看电影时，后来者也会自觉地低头弯腰，快速走到自己的位置上。

除了趋礼，传统的行走礼仪中，还有"行不中道"的规定，即不能在道路中间走路。这样既表示对他人的尊敬，又方便避让行人，降低交通风险。

中华民族注重礼仪风貌，上至国家政治，下到日常生活，无不透露着礼俗的风采。优良的礼俗不仅是维护国家稳定的关键，更是规范民众德行的典章。中华民族的礼仪文化历经五千年的发展，一直沿用到今天，坐立行走的要求远不止如此，我们要注重自己的言谈举止，形成良好的气质风貌，彰显礼仪之邦的风采。

【知识延伸】

古代道路规则

在中国古代，行路秩序也形成了相应的规范。现代社会提倡靠右行驶，而古人的行走方式则不同。先秦时期男女不同行，要分两边走。《礼记·王制》中规定："道路，男子由右，妇人由左，车从中央。"这种走法对中国的行走民俗影响颇深，后来经过各个朝代的不断发展，逐渐形成了靠左行驶的交通规则。这种规则的形成原因一是左尊右卑的思想，二是有利于规避风险。

第五节　古人"拜"的学问

【典籍溯源】

> 平衡曰拜，下衡曰稽首，至地曰稽颡。
>
> ——《荀子·大略》

《荀子》是荀子和弟子们对于先秦学术思想的总结和整理。涵盖了政治、军事、经济、伦理、哲学、教育、文学、艺术等多个领域，提出了"治天命而用之"的唯物主义观点，内容丰富深刻，对于研究先秦哲学思想具有重要意义。

跪拜礼是中国古代常用的社交礼仪，因行礼的姿势、次数、场景的不同，故而有了不同的名称，但它们统称为"拜"。稽首礼是古代跪拜礼中最隆重的礼节，在先秦时期非常重要。

【礼俗文化】

中华礼仪文化源远流长，礼仪在人们的日常生活、社交活动中都有严格的体现。古人的行礼方式与起居有关，古时尚没有出现桌椅高床之类的生活用具时，无论男女老少、尊卑贵贱，一律席地而坐。古代的坐姿与现代不同，为两膝着地，将臀部抵于后脚跟之上。在中国古代的社交礼俗中，主家坐着向宾客致谢时，为了表示尊敬，往往会引身而起，俯身向下，完成行礼，后来这种礼节逐渐演变成了日常生活中的跪拜礼。

《说文通训定声》中说："跪，两膝拄地所以拜也。"古人在接待宾客时，大多席地而坐，只有挺直上半身，以长跪之姿才能行拜礼，完成致意。

跪拜礼是古代礼俗中表示崇敬、臣服和高度恭敬的礼节，也是古代使用时间最长、频率最高的基本礼节。《周礼·春官宗伯·大祝》中记载了九种拜礼，合称为"九拜"："一曰稽首，二曰顿首，三曰空首，四曰振动，五曰吉拜，六曰凶拜，七曰奇拜，八曰褒拜，九曰肃拜。"不同等级、不同身份的社会成员，在不同礼仪场景下使用的拜礼不同。这九种拜礼中，稽首、顿首、空首、振动是正拜，而吉拜、凶拜、奇拜、褒拜、肃拜是逐事生名，即在相关礼仪场景之下对拜礼的特殊名称。

稽首是九拜中最为隆重的礼节，多为拜君父、拜师尊、拜天地、拜先祖时使用。稽首礼要求行礼者正坐之后，两手并拢交叠，拱手至地，上半身俯伏向下，头部缓缓至地面并停留一段时间，以示敬意。

顿首是九拜中次重者，多为平辈、同级之间互表敬意的礼节，在正式场合拜迎、拜送、拜望时使用。顿首礼与稽首礼略同，施礼者屈膝跪地，两手交叠落地，头部急速顿地，触额即起，不做停留。后来顿首发展成为书信中常规的敬语，如署名曰"某某顿首"或"某某顿首拜"。

空首，也叫作"拜手"，是拜礼中较轻者，多为上级对下级答拜应酬时的回礼。行礼时，施礼者呈跪姿，跪而拱手，引头至手，头不触地，与心平，触手即起，故而叫作"空首"。

振动是葬礼上最隆重的跪拜礼。行礼时，施礼者两手相击，身体战栗，俯身跪拜，表现出极致的哀痛之情。

《礼记·杂记下》云："三年之丧，以其丧拜；非三年之丧，以吉拜。"古代拜礼有吉凶之分，吉事时行吉拜，凶事时则行凶拜。行吉拜礼时，先行空首礼，再行顿首礼，男子手势为右手握拳，左手成掌，对右拳或包或盖；女子则相反，需要左手握拳，右手成掌包于其上。凶拜与吉拜的流程是完全相反的，先行顿首礼，再行空首礼，男子左手握拳，右手成掌包于其上；女子则需要右手握拳，左手成掌包于其上。

奇拜即先屈一膝而拜，又叫作"雅拜"，奇为单数，与再拜相对应。

褒拜是指行拜礼之后，为回报他人行礼而再拜，又叫作"报拜"。褒拜次数不一，按照跪拜的隆重程度或者严肃程度选择行礼的次数，大多为一拜，再拜表示加敬，三拜表示遍及。

肃拜是古代妇女使用的一种跪拜礼。肃拜是九拜中最轻的礼节。行礼时，施礼者屈膝跪地，双手伸至额前，拱举而下，头与手皆不至地。军礼中记载的肃拜并非跪拜礼，军人因为身穿甲胄，动作不方便跪拜，事实上只是行了肃揖礼。

跪拜礼是最能体现威严的礼节。随着历史的不断发展，传统文化出现断层，拜礼的应用范围已经远不如从前，只在求神拜佛或是祭祀活动上使用较多。拜礼文化不仅仅是一种礼节，它体现得更多的是中华传统文化千百年来的礼仪风貌。时至今日，了解拜礼仪容风貌者寥寥无几，不得不说是一种遗憾。

【知识延伸】

拜与揖

礼仪按照行礼的姿势不同可以分为两大类，即拜与揖。古法跪拜礼，必须先坐下，在长跪的姿态下行拜礼。揖礼则是将双臂举至头顶，继而舒缓地放下，身体和头部随之躬下来。许多人经常将振臂长揖的揖礼视为拜礼，忽略了跪姿对于拜礼的意义。

第四章 服饰文化中的风雅礼俗

第一节 古代服饰颜色中的礼

【典籍溯源】

> 恶紫之夺朱也，恶郑声之乱雅乐也，恶利口之覆邦家者。
>
> ——《论语·阳货》

在古代，服装不仅具有蔽体遮羞的实用价值，更是礼仪制度的物化工具。自西周以来，服色政治化、等级化的思想一直与国家政治紧密相连，某种颜色附于服饰之上而获得了等级含义，而这正是礼制观念深入人心的体现。

【礼俗文化】

中国素来便有"衣冠古国"的美名。服饰作为日常生活的重要组成部分，不仅具有御寒保暖、蔽体遮羞的功能，还被封建礼乐制度赋予了等级含义，成为礼的物质载体。在封建社会，服饰体现了一个人的身份、地位、等级，是个人参与社会活动的外在符号。不同等级、不同身份的社会成员，在选择服饰的质地、款式、色彩等方面都有着严格规定，各阶层的社会成员不可随意逾越服饰制度，扰乱社会秩序。

在组成服饰的诸多要素中，颜色是最具视觉冲击力、最能直观凸显阶层的部分。在礼乐制度的影响下，服饰的颜色与政治的关系极为密切，不同的服饰颜色搭配体现着不同的身份阶级。

自西周以来，色彩等级化、政治化的思想一直占据礼制主流地位。所谓"改正朔，易服色"，古人认为阴阳五行与王朝的兴衰更替有着密切联系，因此有了五行学说和五德学说。金、木、水、火、土五种德行各代表一种颜色，周代崇尚朱色，朱色对应的是五行中的火德。秦国上下则崇尚黑色，《汉书·郊祀志上》记载："秦变周，水德之时。昔文公出猎，获黑龙，此其水德之瑞。"早年秦文公猎捕黑龙，获得了五行中的水德，因此在秦国，全国上下皆以黑色为尊。

汉代，儒家学派在阴阳五行学说的影响下，提出了五行相生相克的说法。汉武帝时期，"罢黜百家，独尊儒术"，儒家思想的盛行进一步推动了阴阳五行思想的发展，阴阳五行学说成为官方正统哲学。汉代利用印绶制度区分官员等级，最高等级的官员如丞相、太尉等为金印紫绶，最低等的官员为铜印黄绶。除此之外，还有有印无绶的和无印无绶的。

在五行学说和五德学说之后，又衍生出了五方色之说。古人向来崇尚自然，将青、赤、黄、白、黑归为"五方正色"，将五色相互参合而成的绿、碧、红、紫、骝黄（硫黄）称为"五方间色"。人们普遍认为正色是比间色更加尊贵的颜色。

隋唐时期，官员等级制度在秦汉的基础上更加完善，服色的贵贱划分也更加明确，形成了品色服制度。在唐高宗时期，品色服制度分为四级，亲王及三品以上的官员用紫色；四品、五品的官员用绯色；六品、七品的官员用绿色；八品、九品的官员用青色。

染色技术的进步为人们的生活带来了丰富的色彩。自唐朝以来，越艳丽的颜色越尊贵，黄色成为唐、宋、清等几个朝代的国色，红色是明朝皇帝的专属色。除了红色与黄色，紫色是最尊贵的颜色。青色是比较低级的服饰颜色，官服之中最低等的服色就是青色。即便在民间，青色衣服也是地位较低的人所穿的。

古人的服饰色彩不仅呈现出当时的审美形态，更蕴含了"别上下、明贵贱"的等级意义，是中国古代礼制文化的重要组成部分。

【知识延伸】

先秦时期的属性和崇尚颜色

先秦时期，阴阳五行学说盛行，每个朝代都有自己崇尚的颜色。夏禹曾遇到青龙，青龙属木，所以夏朝尚青；根据阴阳五行，夏朝属木，商朝则属金，所以商朝崇尚白色；周朝克金，属火，尚红色。

第二节　古人的冠冕之礼

【典籍溯源】

> 故冠而后服备，服备而后容体正、颜色齐、辞令顺。故
> 曰："冠者，礼之始也。"是故古者圣王重冠。
>
> ——《礼记·冠义》

冠冕在服饰体系中占有重要地位，是用来标识权力地位的重要工具。统治阶层通过冠冕制度"昭文章，明贵贱，辨等列，顺少长，习威仪"，维护尊卑有别、长幼有序的社会等级秩序。

【礼俗文化】

作为服饰的一部分，冠冕被赋予了等级意义，是官民群体的区分标志，也是标识官位等级的行政手段，体现着严格的阶级制度。

冠在古代指贵族男子所佩戴的帽饰。古代士阶级以上的男子二十岁行冠礼，《释名·释首饰》中说："二十成人，士冠，庶人巾。"并非人人都可举行冠礼，士以上的男子才有戴帽子的权利。冕比冠更加尊贵，《说文解字》："冕，大夫以上冠也。"冕是天子、诸侯、卿、大夫才有资格戴的帽子。

在周代，冠冕作为服制体系的重要组成部分，与国家政治紧密相连，象征统治阶级的身份和等级。根据文献记载，周代首服主要有祭祀使用的冕和朝会使用的弁。春秋战国时期，群雄割据，各诸侯国在继承周礼的基础上各自形成了独具特色的冠冕文化，比如齐王冠、楚王的獬豸冠及赵惠

文冠等。秦始皇统一六国后，将各诸侯国的首服"收而用之，上以供至尊，下以赐百官"，祭祀典礼改用黑色服饰和冠冕。汉代是中国首服系统承上启下的重要时期，出现了系统的冠冕制度，"见其服而知贵贱，望其章而知其势"的社会观念基本定型。

汉代有二十多种冠，代表不同的等级内涵，常见的有冕冠、进贤冠、通天冠、武冠等。通天冠是帝王专享的冠冕，除了帝王，任何人不得佩戴或者私藏通天冠，否则将视为对帝王权威的挑衅，会受到很严厉的惩罚。自汉代以后，只有皇帝才可以戴冕有旒，久而久之，"冕旒"便成为皇帝的代称。

隋唐时期，民风意识开放，冠冕的象征意义有所淡化，读书人、商人等群体也可以戴帽子，但在款式上依然有所区别，于是就出现了所谓的书生帽和商人帽。两宋期间，普通男子也有了戴帽子的资格，统治阶级便规定以冠饰区别地位等级。到了元代，北方少数民族的生活习俗逐渐流行于中原一带，皮帽、毡帽等皮毛制作的帽子十分普遍。明代则崇尚复古，恢复了传统的冠冕制度。清朝统治者入主中原以后，废除冠冕礼仪，强制剃发易服，此时帽子真正地流行起来，上至王公贵族，下至平民百姓，都可以戴帽子。

冠冕制度作为区分官位等级的标识，蕴含着丰富的文化内涵，是古代社会礼仪文化的深刻体现。冠冕制度背后隐藏着的正是森严的阶级统治制度。

【知识延伸】

汉代常用冠冕

除了帝王佩戴的通天冠，汉代具有代表性的冠还有冕冠、长冠、委貌冠、武冠、进贤冠等。

冕冠，又称"旒冠""平天冠"，是皇帝、公侯、卿大夫的祭服，也是中国古代最重要的冠式，与冕服、佩绶、玉圭等同时在祭祀等大典时穿戴。

长冠，又称"斋冠""鹊尾冠"等，为祭拜宗庙之服，重要性仅次于冕冠。大多用朱皮编成内框，外面罩有黑色的漆纱，使用时套在发髻上。总体形制沿袭了战国时期楚国流行的冠帽形制。长冠后来定为官员祭服冠，并规定非公乘以上一律不得使用。

委貌冠，又称"玄冠"，大射礼时，公卿、诸侯、大夫行礼者所戴。在汉以前又称"章甫""毋追"等。戴此冠时须玄端素裳。

武冠，又称"武弁大冠"，为武官所戴，是武官的朝服。它一般与巾帻结合而戴，可以把整个头部包裹起来，用来保护头部。

进贤冠，是汉代最普通的一种冠饰，一般为文官和儒生日常所戴，是由先秦时期的缁布冠演变而来。

第三节　古代服饰与尊卑

【典籍溯源】

　　二十四年定，公、侯、驸马、伯服，绣麒麟、白泽。文官一品仙鹤，二品锦鸡，三品孔雀，四品云雁，五品白鹇，六品鹭鸶，七品鸂鶒，八品黄鹂，九品鹌鹑；杂职练鹊；风宪官獬廌。武官一品、二品狮子，三品、四品虎豹，五品熊罴，六品、七品彪，八品犀牛，九品海马。

——《明史·舆服志》

　　《明史》为"二十四史"之一，是一部纪传体断代史，主要记载了从明太祖洪武元年（1368年）至明思宗崇祯十七年（1644年）二百多年的历史，对明代经济、军事、政治、外交关系等内容进行了较为系统的记录，是了解明代社会生产发展情况的宝贵资料。

　　明代官服最突出的特征在于补服制度，通过补子图案的主题、构图、颜色、形制大小等特征，反映阶级地位的差异。

【礼俗文化】

　　中国古代服饰体系的发展，始终受纲常礼教、等级制度的影响。古代社会尤其注重伦理纲常，服饰作为区分尊卑贵贱的重要工具，在质地、样式、颜色、花纹等方面都有严格的规定，每个人的穿着打扮都要切合自己的等级地位，这是古人彰显身份的一种方式。

　　从服饰的质地来看，在棉花传入中国之前，服饰大多是丝织品或是麻葛织品。丝织品包含绫、罗、绸、缎、锦、纨、绡、绢、缟、素、缣等种类，是上流社会喜爱的名贵衣料。宋代诗人张俞在《蚕妇》中云："遍身罗绮者，不是养蚕人。"麻衣或葛布衣是普通人常穿的，价格低廉，粗糙耐穿，后来"布衣"便成为平民百姓的代称，如诸葛亮在《出师表》中自称"臣本布衣"。

　　从服饰的长度来看，上等人往往宽衣博带，比如民国时期的读书人大多是一袭长衫；而从事力气活儿的人一身短打扮更利于做工干活。李商隐在《杂纂》中说："仆子著鞋袜，衣裳宽长，失仆子样。""衣裳宽长"是有一定身份的人的装扮，而仆人作为下层苦力，穿着过长过宽，失去了仆人应有的模样。

　　从服饰的颜色来看，不同阶级群体、不同身份地位的人，穿着的服饰颜色也是极讲究的，不能任凭自己的喜好、想法选择服色。在古代，官员的服色由品级而定。通常而言，青色是品级低的官员的服色。唐代白居易在《琵琶行》中言："座中泣下谁最多？江州司马青衫湿。""青衫湿"表达了自己空有抱负却蹉跎仕途的悲伤惆怅之情，也向我们传达了穿着青衫的官员品级低的信息。"散民不敢服杂彩"，古代平民的服装比较朴素，以青、蓝、黑、白为主。未仕者皆穿白衣，因此"白衣""白丁"便成为无功名之人的代称。

　　从服饰的图案来看，中国古代服饰采用不同的纹饰区分等级，如"十二章"之制，每章纹样都有特定的意义，根据使用者的身份，以及场景的庄重程度，按照轻重依次减至九章、七章、五章等。这种服饰制度自西周传至明清时期，虽历代都略有改动，但基本形制大同小异。明清时期形成了补服制度，以官吏袍服上的补子图案彰显官级地位，文官为飞禽，武官为走兽。从补子图案的题材纹样中，能够轻易地辨别一个人的身份等级。

　　在封建社会，服饰作为一种特定的社会符号，深刻反映了某个时代的文化特色、精神面貌、物质水平，是一个时代文化的符号。

【知识延伸】

十二章纹饰的等级

十二章即日、月、星辰、山、龙、华虫、宗彝、藻、火、粉米、黼、黻十二种纹饰，体现着尊卑有别的等级观念。天子龙袍十二章全用，诸侯用龙以下八种，卿用藻以下六种，大夫用藻、火、粉米，士用藻、火。平民则不可有纹饰。朱元璋在位期间，有人揭发德庆侯廖永忠僭用龙凤花纹，朱元璋便借僭越之名直接赐死了廖永忠。

第四节　中原服饰与胡服的融合

【典籍溯源】

　　中国衣冠，自北齐以来，乃全用胡服。窄袖、绯绿、短衣、长靿靴、有蹀躞带，皆胡服也。窄袖利于驰射，短衣、长靿皆便于涉草。

　　　　　　　　　　　　——《梦溪笔谈·故事一》

　　《梦溪笔谈》是北宋科学家沈括编撰的一部综合性笔记体著作，涉及天文、物理、化学、生物、数学、文学、史学、音乐、艺术等内容，具有极高的历史价值和学术价值，是研究典制礼仪、政治制度、军事利害的重要资料。

　　魏晋南北朝时期是中国服饰演变的重要时期，服饰文化受南北大迁徙、民族大融合的影响，进入了一个新的发展阶段。这一时期，民族服饰相互交流融合，形成了兼容并蓄的风貌特色，为隋唐服饰文化的发展奠定了多元化的基调。

【礼俗文化】

　　在中国五千年文明发展的进程中，独具特色的传统服装和配饰体系，始终见证着民族文化的交流与融合。胡服是古代中原对西方和北方各族胡人所穿服装的总称，后来将中原以外的民族服饰统称为"胡服"。胡服形制多为贴身短衣，衣身紧窄，衣长至膝，腰间束郭洛带，用带钩，搭配长裤和革靴。长裤宽松肥大，骑猎时为了方便行动，常以丝带扎紧裤子，便形成了"缚裤"。这种短衣长裤的服装搭配，在当时也被称作"裤褶"。

早在战国时期，胡服就已经流入中原地区。当时赵国经常与东胡和楼烦这两个"马上的民族"发生战争冲突。赵人宽衣大袖的装扮十分不利于作战，短衣长裤的胡人占据了军事优势。出于政治和军事的需求，赵武灵王力排众议，推行胡服，将游牧民族的服装引入军队，改进军队的服装装备。这是服装史上的首次交融，中原地区服饰吸收了胡服元素，装饰性功能减弱，更加注重服饰的实用性，"习胡服，求便利"成了中国服饰变化的总体倾向。

胡服正式进入中原，是在东汉时期。东汉灵帝刘宏对胡人文化十分着迷，在生活起居上全盘效仿胡俗，"灵帝好胡服、胡帐、胡床、胡坐、胡饭、胡箜篌、胡笛、胡舞，京都贵戚皆竞为之"。所谓上行下效，汉灵帝一味地效仿胡俗，以致当时整个京都胡俗盛行，胡服穿着十分流行。

魏晋南北朝时期是游牧民族和农耕民族服装文化融合的重要时期。北魏孝文帝大力推行汉化政策，颁布了一系列移除胡俗的诏令，如禁止国民穿鲜卑族服装，一律改穿汉服；鲜卑姓氏一律改为汉姓；倡导鲜卑族与汉族联姻。孝文帝以摧枯拉朽之势，大大促进了民族融合。后来随着战争、自然灾害、瘟疫、饥荒的频发，北方人民大量向南迁移。中原服饰受到胡服的影响，衣服的裁剪制作更倾向于贴身、紧密。到了北齐时，胡服已经具有广泛的群众基础，成为北方民众普遍穿着的服装。

唐朝统治者本身就具有胡人血统，再加上万国来朝，民族文化的交融达到了巅峰时期。传统服饰在极致华美的发展倾向中融入了大量胡服元素，社会上甚至出现穿胡服、用胡妆的风尚，唐玄宗时期甚为流行。

两宋时期，因民族矛盾尖锐，战争冲突不断。统治阶级严令禁止穿着胡服、效仿胡俗，利用行政手段阻止"胡风"的渗透和蔓延。

明朝建立后，朱元璋为恢复汉制，诏令民间不可使用胡语，穿着胡服。随着政局的逐步稳定，朝廷对胡俗也放松了限制。

清朝统治者试图"满化汉人"，强制汉族人剃发易装，胡服成为当时服装的流行款式，如龙袍和旗袍便是在胡服的基础上发展而来的。

【知识延伸】

晚唐服饰的去胡化

安史之乱后，服饰逐渐去除胡化，回归传统，盛行宽硕之服。到了晚唐时期，女性体态崇尚丰腴，衣衫由此变得宽大奢华。

第五节　各代官服与民服

【典籍溯源】

高祖乃令贾人不得衣丝乘车，重租税以困辱之。

——《史记·平准书》

在古代社会，统治阶级不仅用"法"控制人的行为，还用"礼"控制人的思想。为加强中央集权，各个朝代都对服饰做了严格规定。《史记·平准书》中记载："高祖乃令贾人不得衣丝乘车，重租税以困辱之。"规定商人不可穿丝绸，不可乘车出行，深刻体现了封建制度的差异化和等级化。

【礼俗文化】

在中国古代的社会结构中，官和民构成了两个最重要的群体。统治阶级为了强化管理，对官员和平民的服饰做了严格规定，以更加鲜明地体现阶级差异。

周代，服装作为礼制规范的体现，自然不能例外。周朝规定，在不同的活动场合，社会成员要按照等级地位穿对应的服饰。周朝实行五等爵位制，天子之下是公、侯、伯、子、男五等，其官服的质地、图案、颜色、尺寸等都有明确的区分。周朝民众在服装搭配上没有太多选择，一般只能穿衣和裳，即上下分开的款式。

秦始皇统一六国后，明确规定了各级官员的服装颜色和样式，以黑色为尊，等级最高的官员穿黑色官服，三品以上的官员则穿绿色官服，头戴冠。民服以袍服为主，大多为大襟窄袖，男子腰间有革带，带端有带钩，而女子的腰间只需要系丝带。

汉朝的服饰制度多承袭秦制，增添了许多汉朝元素，使其更加符合民众生活的需求。汉代官服在秦朝的基础上添加了季节色彩，分别是春青、夏朱、季夏黄、秋白、冬黑。民服多为曲裾深衣，男女皆可作此装扮。

魏晋南北朝时期，官服样式在秦汉制服的基础上增加了"笼冠"的冠饰，笼冠由黑漆细纱制成。民服方面，男子多为宽衫大袖，褒衣博带；女子民服承袭前代遗俗，并吸收了少数民族的服饰特色，主要特点为对襟束腰，衣衫宽大。

隋唐时期，服饰制度更加完整成熟。黄色成为皇室的象征，其余人等不可使用黄色。唐代官服等级规定分明，百官根据官阶等级穿不同颜色的服装，三品及以上为紫色；四、五品为绯色；六、七品为绿色。民服方面，隋唐妇女流行穿着襦裙，即短上衣加长裙；男子则以圆领窄袖、左右开衩的襕衫为主。

宋代官服以红色为主，基本形制有祭服、朝服和常服三种。宋代，六品以上的官员服装有内衬，允许佩戴锦绶、玉佩等物品，六品以下没有内衬、玉佩和锦绶。民服方面，男子多穿黑色或者白色的交领或者圆领长袍，女子则以裙装为主。

元代官服带有少数民族的特色，在大宴活动上，皇帝和百官都要穿着颜色统一的服装，这就是元朝特有的官服——质孙服。元朝民服则以蒙古族装束为主，披发椎髻，夏戴笠，冬服帽。

明代官员装扮多为纱帽配圆领袍，官服上的补子图案代表着职能种类，文官补子图案为飞禽，武官补子图案则为走兽，不同的禽兽图案也代表着不同的官阶。民服方面，男子以衫为主，女子多作上襦下裙的装扮。

清代官服主要为长袍马褂，并且继承了明代的补子制度，只是在补子的图案上与明朝有所不同。除了补子图案，官帽顶戴花翎的形制也可显示出官员品级。民服方面，男子有袍服、褂、袄、衫、裤等，满族女子着旗装，汉族女子仍然保留着明代上衣下裙的款式。

【知识延伸】
衣冠禽兽的明代补服制度

明代实行补服制度，官服上的补子图案代表官阶职位，文官为飞禽，武官为走兽，"衣冠禽兽"这个成语便由此而来。起初"衣冠禽兽"特指穿着官服的官员，语意暗含羡慕。后因政治腐败，官员欺压百姓，所以这个成语逐渐变成了贬义词。

第二卷

风俗之制，婚丧嫁娶中的礼仪规范

第一章　洞房花烛，古人的婚礼习俗

第一节　门当户对，古人的择偶之礼

【典籍溯源】

　　诸与奴娶良人女为妻者，徒一年半；女家，减一等。离之。其奴自娶者，亦如之。主知情者，杖一百；因而上籍为婢者，流三千里。

——《唐律疏议·户婚下》

　　《唐律疏议》是唐高宗永徽年间完成的一部法律汇编，也是中国现存最古老、最完整的古代刑事典籍。整部法典体现了浓重的崇君思想、儒家法治思想、宗法思想，对于封建律法体系管理影响深远。

【礼俗文化】

　　在中国古代的婚嫁文化中，门当户对、男才女貌是促成婚事的重要标准。两大婚配准则中，门当户对有着绝对的优先权。

　　门当户对代表的是婚姻的门第等级观念。这种婚配观念在先秦时期就已经出现。齐僖公曾经向郑国提出联姻请求，想把女儿文姜嫁给郑国太子忽，而郑忽听闻却连连摇头说："齐国大，郑国小，我这个郑国公子是断然配不上齐国公的女儿的。"这反映出当时已经有了门当户对的婚姻观念。

魏晋南北朝时期，推行九品中正制，形成了"上品无寒门，下品无世族"的政治格局。人们更重视血统门第观念。名门士族为了维护家族门第，只与同等地位的门阀势力互为婚姻，由此形成了极具时代特色的门阀婚姻。王、谢、袁、萧都是南朝的名门望族，为了维护家族的高贵血统，几个名门大姓之间便相互联姻攀亲，比如王家和谢家就是世代联姻；崔、卢、李、郑是北朝的名门望族，也是互相为婚。这一时期，婚姻中的门第观念以血统为尊，若非出身世家，即使身居高位，也不能与名门贵姓攀亲。

与衡量门第、看重血统的魏晋婚姻标准相比，唐代的门第观念较为淡薄。唐代的社会风气更加开放，女性的社会地位显著提升，门当户对的爱情观、婚姻观不再是主流，男才女貌的爱情观更受人们的欢迎。但良贱不婚依旧是法律硬性规定，出身清白的良家子绝不能与贱籍之人成婚。

宋代商品经济高度发展，门阀观念逐渐衰落，但婚姻文化中的门当户对观念依然存在，主要体现在财产、人品、才学、政治地位等方面，不过等级间的婚娶限制逐渐缩小。良贱不婚的观念在宋代也有所改变。宋代良贱通婚的道德环境相对宽松，整个社会对于离婚、再婚的舆论态度也更加松弛。

【知识延伸】

门当户对

门当是放置在门口两侧的石礅或石鼓，起装饰和固定门楼的作用。传说古代将军为了显示其战功赫赫，常将战鼓放在门前。因鼓声高亢洪亮，百姓深信其能避鬼驱邪、庇护家宅，因此效仿其法，在宅院门口两侧放置一对石鼓。户对是位于门楣上的门簪，一般是成对的木雕或砖雕。门当和户对都是有身份的人家才能使用的装饰。两家若有意结亲，说媒提亲之前，会悄悄派人到对方家门口看一看，如果门当和户对的装饰相仿，便意味着两家的威望地位相当，那么便可结亲，这样两家人结亲才是门当户对。

第二节　从"东床快婿"看古人相亲之礼

【典籍溯源】

　　摽有梅，顷筐塈之。求我庶士，迨其谓之。

　　　　　　　　　　——《诗经·召南·摽有梅》

　　《诗经》是中国第一部诗歌总集，先秦时期叫作《诗》，在汉代被奉为儒家经典，尊称《诗经》。《诗经》分为风、雅、颂三类，"风"是各地的民歌，"雅"是宫廷雅乐，"颂"是周代的祭祀乐歌。

【礼俗文化】

　　"东床快婿"指代才学出众的女婿。这个成语的背后还有一段很有意趣的历史典故。

　　东晋太傅郗鉴有一个聪明可爱、美丽优雅的女儿，已经到了出嫁的年龄。做父母的免不了要操心儿女的婚事，郗鉴也想要为女儿寻一户好人家。他听闻琅邪王氏的公子个个英俊潇洒，才华横溢，便找到丞相王导，说明想要两家联姻的心意。

　　两家都是名门望族，王导认为门第家世相当，而且郗鉴的女儿美貌聪颖，饱读诗书，心中也很是满意。两人一拍即合，接着就开始了挑女婿的事宜。郗鉴派遣管家拜访丞相府，去看一看王家的子侄。王家的儿郎听闻郗鉴派人来挑女婿，全都铆足了劲，精心装扮，期望在郗府人面前留下一个好印象，能够中选。

管家看了又看，光从外表上看，每一个都十分优秀，心中正犯难时，见到了一个另类，这位年轻人光着上半身躺在床榻上，对他一副爱搭不理的样子。管家回到府中对郗鉴说了今日的所见所感，称王府的公子个个都是才俊，不过有一位公子，没把这事当回事，还露着肚皮躺在床上。怎料郗鉴一听，甚为欢喜，乐呵呵地说，这就是他要选的人。这位被幸运之神眷顾的公子，就是中国古代著名的书法家王羲之。真是让人不得不赞叹郗鉴选人眼光之毒辣。

"东床快婿"是古代相亲的经典案例。在中国古代，除了"父母之命、媒妁之言"，相亲也是一种流行的婚配方式。相亲形式有所异同，多由媒人、亲友牵线，双方约定好时间、地点，带着未婚青年见面。

先秦时期就已经出现相亲的风俗。每年二月，负责青年婚嫁的官吏"媒氏"会召集未婚男女，组织几场相亲大会。在大会上，每个人都可通过吟唱情歌或者送花来传达心中的爱意，若是二人两相情愿，就会回家告知父母，缔结良缘。这种相亲方式质朴简单，风雅浪漫。

宋代也有相亲的习俗。到了适婚年龄，男方家和媒人到女方家中，双方交流一下家庭信息，若是觉得合适，男方就会往女子的头上插一支发钗；若是不满意，便会留下两匹绸缎。

明清时期的相亲习俗很有意思。媒人带着男方前往女方家中，女方一开始躲着不出来，偷偷观察男方的一举一动，如果觉得男方合适，就会出来给男方倒茶；如果没看上男方，则不会出面相见。

【知识延伸】

古代男女的相亲日

唐宋时期，民间相亲主要集中在三个固定的节日，即元宵节、上巳节和同年大会。

元宵节是每年正月十五。这是个热门的相亲节日，年轻男女若互相有意，就会相约夜游，共同赏灯。

上巳节是每年三月初三。这一天，单身男女集体出门踏青，或河畔嬉戏，或漫步赏花。青年男子若是有意，便会折柳相赠，女方若也情愿，则会赠予男子装有红豆的香囊。"弱柳障行骑，浮桥拥看人"，风雅又浪漫。

同年大会是士子的发榜日。正所谓"朝为田舍郎，暮登天子堂"。在这一天，京城内的未婚女子会跑到士子们聚集的地方，偷看上榜的新科进士，若是有合眼缘的，就会回家禀告父母。女方委托媒人去男方家提亲。

第三节　父母之命、媒妁之言，古人的订婚礼

【典籍溯源】

　　婿之父为姻，妇之父为婚……妇之父母、婿之父母相谓为婚姻。

　　　　　　　　　　　　　　　　——《尔雅·释亲》

　　《尔雅》是我国第一部词典，收集了大量古汉语词汇，是按照词义系统和事物分类编纂的解释词义的著作。"尔"意为"近"；"雅"意为"正"，引申为"雅言"，专指语言、语法等方面都符合官方规定的词汇。"尔雅"指的是以雅正之言解释词义，使其近于规范。

　　古人的婚姻不只是成婚男女之间的事，也是两个家庭之间的事。一些时候，父母与媒人所起到的作用，甚至要比成婚男女自己还要大。

【礼俗文化】

　　中国古代婚姻一直秉承着"父母之命，媒妁之言"的核心思想，对于没有婚姻经验的儿女来说，父母就是最具权威的指导者。在两家没有打过交道或是无法深入获取对方信息的情形下，媒人是两家人进行信息沟通的重要中间人。因此古代男女的婚姻除了要听从父母之命，还要参考媒妁之言。

　　在我国古代婚姻六礼中，纳采、问名、纳吉、纳征、请期这前五礼属于现代订婚环节中的礼仪，而最后的亲迎礼，则属于现代迎亲环节的礼仪。因此在本节中，主要介绍古代婚姻六礼中的前五礼。

　　古代订婚之礼的第一步叫作纳采。男方需聘请媒人或拜托亲友带着礼

品到女方家求亲，媒人向女方家表示来意，女方思虑后若是觉得满意，应下这门亲事，两家就会进行下一步流程。唐以前多以大雁为纳采礼品，唐以后则有以鹅代雁，以木雁代活雁，以鸡、鸭等禽类代替大雁的做法。

古代订婚之礼的第二步叫作问名。纳采礼上不能问姑娘的名字，也不能指明向哪一位姑娘求婚，只能向女方的家族表明求婚意愿。因此女方家应下亲事后，男方就要托媒人到女方家询问姑娘的名字、生辰八字。

古代订婚之礼的第三步叫作纳吉。得到女方的名讳及生辰八字后，男方家就要到祖庙里进行占卜。合完八字后，若得到吉兆，说明这桩婚事得到了祖先的同意，男方便会派人通知女方准备订婚。此即郑玄注《仪礼》所描述的"归卜于庙，得吉兆，复使使者往告，婚姻之事于是定"。

古代订婚之礼的第四步叫作纳征。纳吉过后，男方家就要给女方送上正式的聘礼。聘礼规格要根据女方家的地位背景、经济基础来决定，还要显示出男方对女方的重视程度，玉帛等都是纳征可用的礼品。纳征礼成后，表示双方正式建立婚约关系。

古代订婚之礼的第五步叫作请期。成亲是人生头等大事，必须选定良辰吉日。男方家在红笺上写下吉日，派遣媒人到女方家请期。女方家若是同意，男方就会将礼书、礼烛、礼炮等送到女方家中，女方家就要向亲朋好友、街坊四邻分发礼饼，告知成婚日期。

上述五道程序是缔结良缘不可缺少的重要礼节，父母和媒人在其中扮演着重要角色，家长凭靠经验掌握着婚姻的正当性和可靠性，媒人则作为两家的沟通桥梁，为婚事来回奔走，共同促成儿女双方的婚事，这一点与现代婚姻倒也是颇为相似的。

【知识延伸】

媒妁之言

媒人是古代婚姻关系中不可缺少的一环。所谓"无媒苟合"，没有媒证，这场婚约就不受人尊重；没有媒证，男子可以毫无顾忌地休掉妻子。由此可见，媒人是强化婚姻合理性的重要因素。明媒正娶是正妻的礼仪，妾室够不上这样的资格，永远低人一等。

媒人主要有私媒和官媒两类。私媒是最普通的媒人，除了收红包没有什么实权；官媒则不同，官媒得到官方认可，工作职责是掌握全国男女的姓名和出生时间，督促适龄男女结婚。自秦至清，官媒的权力都很大。

第四节　古人的迎亲之礼

【典籍溯源】

　　至迎娶日，儿家以车子或花檐子发迎客，引至女家门，女家管待迎客，与之彩段，作乐催妆上车檐，从人未肯起，炒咬利市，谓之起檐子。

——《东京梦华录·娶妇》

　　《东京梦华录》是宋代孟元老编撰的笔记体散记文，主要介绍了宋徽宗崇宁到宣和年间北宋都城东京开封府的城市风貌，包括风土习俗、商业经济、朝廷典礼、民间工艺等，为研究北宋都市生活和经济发展状况提供了珍贵的史实资料。

【礼俗文化】

　　古代婚礼讲究"三书六礼"，"三书"是指缔结婚姻过程中所用到的聘书、礼书和迎书；"六礼"指的是从聘婚到完婚的过程，共分为六步，即纳采、问名、纳吉、纳征、请期和亲迎。亲迎是六礼中最隆重的环节，也是程序最复杂的环节，是指新郎带领媒人、亲友到女方家中，将新娘迎娶回家。

　　《仪礼·士昏礼》中记载："期，初昏……主人爵弁，纁裳缁袘。从者毕玄端。乘墨车，从车二乘。"从这里我们可以得知，周代的新郎亲迎时要穿着爵弁和纁裳，随从们则穿着玄端服，乘坐墨车去女方家迎亲。

魏晋南北朝时期的迎亲礼俗，则比前代多了催妆、新妇乘鞍等过程。催妆指的是男方接亲时，女方出嫁须得男方多次催促，才梳妆出阁。《酉阳杂俎》中记载，北朝时期的婚礼在迎亲阶段有催妆的习俗。"迎新妇。夫家百余人挟车俱呼曰：'新妇子。'催出来。其声不绝，登车乃止。今之催妆是也。"

到了唐代，迎亲的礼俗里依然有催妆这一项，还因此出现了许多催妆诗。男方借催妆诗来称赞女方的样貌才情，表现自己的文采。如陆畅所作《奉诏作催妆诗》："云安公主贵，出嫁五侯家。天母亲调粉，日兄怜赐花。催铺百子帐，待障七香车。借问妆成未，东方欲晓霞。"新娘出来之后，女方家中讨喜的宾客会堵住去路，这种行为就是障车。如果男方想顺利迎接新娘回家，就要派送酒食赏钱，让众人散去。唐代前期和后期的迎亲时间也不同。唐代初期的迎亲时间设在黄昏，在中唐以后才把时间改到清晨。

宋代之前娶亲时，大多骑马或乘车。到了宋代，轿子运用到娶亲上，后来渐渐成为一种广为流行的民俗。娶亲是人生喜事，喜事尚红，常以红色装点花轿，因此花轿又俗称为"大红花轿"。除了颜色，装点花轿的布料、装饰也是有讲究的。轿帷通常选用上好的红色丝绸，并用彩线绣上百子图、花好月圆、龙凤呈祥、丹凤朝阳等吉祥图案，彰显喜庆。有的地方会在花轿前贴上对联和横批，有的还会在花轿的四角挂上红绸扎花，等等。

迎亲当日，待嫁的新娘在家里梳妆打扮好，凌晨，男方就会派来迎亲的花轿，这种习俗叫"赶时辰"。据说当天如有几家同时娶亲，谁赶的时间早，将来谁就会幸福美满。如果迎亲途中碰到其他家的花轿，两家人的花轿必须停下来，交换手帕、袜带，表示互不干预，这就是"撞亲"。迎亲途中若是遇见出殡队伍，迎亲队伍就要说："今天吉祥，遇上宝财！"借谐音吉祥话图个吉利。若是遇到庙、祠、坟，则要用红毡遮住花轿，表示镇邪。

古代迎亲礼仪十分烦琐，除了上述程序，还有亮轿、照轿、燎轿、踩轿、哭轿、起轿、喝轿、颠轿、落轿等，各地的风俗不同，迎亲礼仪也不同，看似烦琐，其实都表达了对新婚夫妻的美好祝愿。古代女性一生最多坐一次花轿，因此花轿对于女性来说意义特殊。一系列的礼节也表明了明媒正娶的尊贵。

【知识延伸】

"颠轿"习俗

"颠轿"是古代花轿迎亲的一种习俗。新娘在上轿、轿中、下轿的过程中必须全程盖着红盖头，不能将其揭下，不能掀开轿帘往外面看，不能将手脚伸到轿外。接亲过程中，轿夫们为了让新娘子掀开帘子或伸出手脚，就会故意颠起轿子。轿子来回摇晃得厉害，但轿内的新娘就算再难受，也只能忍着。"颠轿"时，轿夫们还会边摇边唱颠轿歌，场面十分热闹。

第五节　吉时与吉事，古人特有的拜堂礼仪

【典籍溯源】

> 北朝婚礼，青布幔为屋，在门内外，谓之青庐，于此交拜。
>
> ——《酉阳杂俎·礼异》

《酉阳杂俎》是唐代诗人、小说家段成式编撰的一部志怪奇书，有前卷二十卷，续集十卷，主要记载了仙佛人鬼及各地的珍奇异物，内容繁杂丰富，涉及风土民情、文史典故、志怪传奇、地产资源、人物故事、地理现象等，具有极高的史料价值。

南北朝时期，拜堂礼仪成为固定的婚礼程序，"青庐拜堂"的风俗极盛。"青庐"是用青布搭建的临时帐篷，新郎迎回新娘后，便在青庐中举行交拜礼。

【礼俗文化】

虽然古人通常在黄昏时行婚礼，但举行拜堂礼的吉时却不一样，要根据新人的生辰八字进行演算。每一对新人的生辰八字都是不同的，因此演算出来的吉时会有所差距。

拜堂礼是整场婚礼的重头戏。焚香、燃烛、奏乐、放鞭炮，亲友、傧相、新人各就各位。傧相二人作为"引赞"和"通赞"，开始赞礼。新郎、新娘在赞礼人的引导下齐登花堂，正堂供桌上摆有祖先牌位，以及花生、红枣等供品。两位新人随着赞礼人的口令依序跪拜，一拜天地，感恩

天地恩德，赐予这段美满良缘；二拜高堂，感恩父母尊亲的养育之恩；夫妻对拜，愿二人携手前行，白头偕老。拜堂礼成，标志着婚姻关系的正式建立。拜堂礼的三拜，是在天地神灵、父母亲戚、至交好友、媒人的见证下进行的，这种仪式感强化了婚姻关系的庄严和神圣，在天、地、人面前盟誓，便不能轻易反悔或背叛。

拜堂礼的风俗由来已久，最早可追溯至魏晋南北朝时期。《世说新语》记载了徐州刺史王浑成亲的故事。因受人挑唆，王浑没有完成最后的拜堂礼。

唐代，"拜堂"一词正式出现，并且成为婚礼中非常重要的一项仪式。唐代的拜堂礼俗又称"见舅姑"，唐代诗人朱庆馀所作诗句："洞房昨夜停红烛，待晓堂前拜舅姑。"指的就是这一婚俗。见舅姑也就是拜见公婆、尊长等婆家亲属，一般在成婚次日进行。

北宋时期，新娘在成婚当日先拜家庙，祭拜祖宗牌位，然后行合卺礼。到了第二天五更的时候，将镜台、镜子放在桌子上，新娘对着铜镜向中堂行跪拜礼。然后新娘拜见各位尊亲，送上自己缝制的鞋袜等物，即"赏贺"；长辈们则会答谢回赠，也就是"答贺"。

南宋时期出现了牵巾风俗，在成亲当天，两位新人分别拿着彩绸的一端，然后"参拜堂，次诸家神及家庙，行参诸亲之礼"。

清代，新郎在成婚当日先用喜秤挑起新娘盖头，然后再举行拜堂仪式。拜堂时要在堂上设供案，摆香烛，对着天地祖先牌位叩首，然后再叩拜父母，最后行夫妻对拜礼。

拜堂仪式始于魏晋南北朝，流行于唐代，宋代以后普及，一直延续到民国时期。到了现代，即便举行中式婚礼，也多不跪拜，改为鞠躬，不拘成规。

【知识延伸】

《世说新语》里的拜堂趣事

晋代的徐州刺史王浑，第一任妻子故去后又娶了第二任妻子颜氏。颜氏是个平民百姓。二人成亲时，颜氏先拜王浑，王浑准备答拜时，有人提出异议："你是一个地区的高官，而她只是个庶民，你怎么能拜她呢？"闻言，王浑就没有答拜。虽然是有人故意挑拨，但这也说明当时的徐州地区，夫妻互拜的风俗才刚刚兴起。而后拜堂礼逐渐发展为固定仪式，哪怕是皇亲贵胄，也得行拜堂礼。

第六节　回门与归宁，古人的婚后礼俗

【典籍溯源】

害浣害否？归宁父母。

——《诗经·周南·葛覃》

回门是中国传统婚俗，最早可追溯至先秦时期。先秦时人们将回门叫作"归宁"，《诗经》中就有这种说法，可理解为出嫁的女儿第一次回娘家，象征着平安的意思。

俗话说"嫁出去的女儿，泼出去的水"。古代女子出嫁后属于她的丈夫和家庭，很难有机会回家探望父母，因此，"归宁"可能是最后一次名正言顺回家探亲的理由，这是女子感谢父母养育之恩的重要时机，是婚俗文化中孝道的体现。

【礼俗文化】

回门是中国婚礼的最后一个流程，也叫作"拜门""会亲"。回门时，新郎要陪同新娘带着礼物回到女方家中，女方家则会备下丰盛的酒宴，招待女儿和女婿。

回门婚俗自古就有，先秦时期称之为"归宁"，即出嫁的女儿回家向父母报平安的意思。《诗经·周南·葛覃》中便有"害浣害否？归宁父母"的语句。对于女子而言，归宁是新旧生活交替的重要转折点，向父母宣告自己组成了新的家庭，今后不能再在父母身边尽孝，请父母勿要挂念。归宁过后，若非得到公婆、丈夫的许可或受到父母的邀请，妇人是不能随意回娘家探亲的。比如，《孔雀东南飞》中刘兰芝被休弃回家后，母亲便问她："汝今何罪过，不迎而自归？"

除了人为因素，古代交通落后也限制了女子回家探亲的次数。女子若是远嫁或随丈夫一家搬迁，便极有可能与自己的父母兄弟失去联系，因此归宁可能是女子一生中最后一次与父母团聚的机会。所以不管是新人还是娘家人，都非常重视归宁这一婚俗。

《仪礼·士昏礼》记载，归宁当天，女婿要拜见岳父母，行"成婚礼"；女方家则要精心准备饭菜，款待新姑爷。整个过程颇为烦琐，但随着时代的发展，这一礼俗也变得趋于简化。宋人司马光在《书仪·婚仪下》中写道："明日，婿往见妇之父母，皆有币。妇父迎送、揖让皆如客礼，拜即跪而扶之。入见妇母，妇母阖门左扉，立于门内，婿拜于门外。次见妻党诸亲，拜起皆如俗仪，而无币，见诸妇女如见妇母之礼。妇家设酒馔婿如常仪。"

在宋代，除了准备酒宴，女方家还会专门准备鼓吹来欢送新婿。宋人孟元老在《东京梦华录·娶妇》中写道："婿往参妇家，谓之'拜门'。有力能趣办，次日即往，谓之'复面拜门'。不然，三日、七日皆可。赏贺亦如女家之礼。酒散，女家具鼓吹、从物迎婿还家。"看来，回门时，宋代女婿不仅能在岳父岳母家大吃一顿，回家时还有锣鼓队欢送。这场面真可谓热闹非凡了！

欢送新婿固然热闹，但若说回门之日最热闹的活动，就不得不提"闹新婿"风俗了。如果说新婚当日的"闹洞房"主要针对新娘的话，那回门当日的"闹新婿"就是针对新郎的"报复之举"了。女方家人会想尽办法戏弄新郎，而新郎却始终不能发怒，全程都要保持笑脸。晚清时期《点石斋画报》上的一幅风俗画上，就描绘了新婚回门遭到戏弄的场面，其热闹程度也是非常之高的。

时至今日，回门依旧是流行的婚后习俗之一。与古代相比，现代社会的回门礼形式更加简约，内涵更加纯粹，大多是表达对父母养育之恩的感谢，向亲友、邻里传达新婚的喜悦。完成了回门之礼，返回夫家后，古人的一整套结婚礼俗便算完成了。自此之后，新婚夫妇便可以开始正常的日常生活了。

【知识延伸】

回门婚俗的进门讲究

古人进门是有讲究的，不同阶级地位的个体，进门的位置也不同。比如仆从是不能走正门的，只能从后门进入，有身份的人才能走正门，比如达官显贵、世家子弟。

回门进哪个门也是有说法的，女儿、女婿如果走后门，明显是不尊重对方的表现；若是走正门，则表明女儿身份贵重。古代女子回门一般走正门，不仅是疼爱女儿的表现，也是做给女婿看，表示对女婿的尊敬。

第二章　养生丧死，古人的丧葬礼俗

第一节　脱胎于儒家文化的丧葬之礼

【典籍溯源】

　　养生者不足以当大事，惟送死可以当大事。

　　　　　　　　　　　　　　　　　　——《孟子·离娄》

　　《孟子》由孟子及其弟子共同编撰而成。主要记录了孟子的政治思想、治国策略，是后世研究孟子思想的珍贵资料。《孟子》与《论语》《大学》《中庸》合称为"四书"，其对古代教育产生了深刻影响。

　　养老是对父母生前的赡养，送终是对父母死后的埋葬，这两方面的内容源于儒家孝道思想。随着儒家文化中的孝道被大力提倡，丧葬礼最终被纳进国家律法之中。

【礼俗文化】

　　生死是人类永恒的主题。在中国古代礼制规范中，丧葬礼是历史最悠久、礼节最复杂的一种，故有"礼莫重于丧"的说法。诸子百家中，儒家最重礼教，儒家经典中有不少关于丧葬礼的记载。《荀子》中说："礼者，谨于治生死者也。生，人之始也；死，人之终也。终始俱善，人道毕矣。"儒家学说认为，礼贯穿着人的生命，生死是人生大事，自然不能例外，按照礼法妥善处理，做到善始善终，才算完成为人之道。

《礼记·昏义》中记载："夫礼始于冠，本于昏，重于丧祭，尊于朝聘，和于射乡，此礼之大体也。"中国人极为重视丧葬礼仪，丧葬文化可追溯至先秦时期。先秦的丧葬礼俗相当繁缛，包括送终、请魂、净身、入殓、大殓、闻丧、奔丧、葬具、反哭等。这些礼俗在儒家经典《周礼》《仪礼》《礼记》《论语》中都有不同程度的记载。先秦时期的丧葬礼对于中国丧葬文化的发展有着极为深远的影响，在现代社会的丧葬活动中，依然能看到先秦丧葬礼的影子。

《礼记·礼运》中说："故礼义也者，人之大端也……所以养生、送死、事鬼神之大端也，所以达天道、顺人情之大窦也。"儒家历来重视孝道，并把对父母的丧礼或是送死看作尽孝的表现之一。西汉时期，"罢黜百家，独尊儒术"，儒家学说成为学术界主流。自此，儒家文化倡导的孝道观，逐渐成为中国传统文化的重要组成部分。数千年来，无论是王公贵族，还是贩夫走卒，只要是中国人，无一例外，均受到孝道观念的熏陶和影响。

孝道是儒家学派的核心思想，包含养老和送终两个方面。孟子作为儒家学派的代表人物，主张以厚葬之礼寄托哀思。《孟子·公孙丑下》记载了孟子厚葬母亲的故事，在孟子看来，厚葬是孝道的深刻体现，"非直为观美也，然后尽于人心"。

随着儒家正统地位的确立，儒家倡导的孝道观，在客观上为厚葬之风提供了理论支持，对中国几千年的厚葬风俗，起到了推波助澜的作用。轻养厚葬成为古代社会的普遍现象。

孔子云："生，事之以礼；死，葬之以礼，祭之以礼。"父母生前，儿女要依礼尽孝；父母死后，儿女要依礼送终。另外，并非将人下葬就结束了，父母的祭礼也要隆重对待。

祭祖活动是十分普遍的社会现象。一般而言，在春、秋两季，古人会举行祭祖活动，对家中祖先进行拜祭：一方面回顾祖先事迹，表达对祖先的深切怀念；另一方面反省自身，修正家风。另外，古人认为通过祭祖活动会降下福祉，得到先祖的庇佑，使家族的繁荣得以世代传承，因此通常会召集九族共同参与祭祖活动，加强宗族的血脉凝聚力，使整个家族更加团结和睦。

总的来说，中国丧葬礼俗文化的产生和发展，与儒家学派的礼纪纲常和孝道观念相辅相成，是封建政治制度和社会伦理思想催生的必然产物。五四运动以来，中国社会思想观念发生了翻天覆地的变化，传统的丧葬礼俗已经不再适应现代社会的发展。因此，去除封建糟粕，增添新时代内容，建立与现代社会思想观念和发展要求相适应的新型丧葬礼仪文化，是现在需要面对的严肃问题。

【知识延伸】

历代王朝的丧葬风气

在中国的丧葬历史上，厚葬、薄葬之风不断地交替变更。先秦之时，厚葬观念便已成型，而后的秦、汉、隋、唐、明、清则继承了隆丧厚葬的观念，盛行厚葬的奢靡之风，以帝王葬俗最为豪华。三国、魏晋、两宋时期则提倡薄葬。每当天下动乱、民生凋敝时，社会风气则相对简朴，反对厚葬的礼制。

第二节　丧服与丧仪

【典籍溯源】

古之葬者，厚衣之以薪，葬之中野，不封不树。

——《周易·系辞》

《周易》是中国最古老的文献之一，其内容涉及哲学、政治、生活、文学、艺术等领域，是群经之首。《易经》包括《经》和《传》两个部分。《经》主要是六十四卦和三百八十四爻；《传》包含解释卦辞和爻辞的十篇文章，统称《十翼》。

远古时期，人们对丧事的处理十分随意，既不积土为坟，也没有丧葬礼仪。相对于原始先民把死者置于野外，封建社会的丧葬仪式更加文明，这也是历史发展、文化演变的重要表现。

【礼俗文化】

《周礼·春官宗伯·大宗伯》："以丧礼哀死亡。"丧葬礼是人生大事，包括殡殓死者、举办丧事、居丧祭奠等一系列礼仪程序。中国的丧葬文化发展已久，很早就形成了一套系统化、程序化的丧礼制度。丧葬礼分为葬前礼仪、埋葬礼仪和葬后礼仪三个阶段，下面主要介绍一下丧礼、葬礼和使用的丧服。

招魂，也称为"复"，死者气绝之后，家人要为其进行招魂，表示再一次挽留死者。仪式开始时，由复者拿着死者生前的衣物，一手执领，一手执腰，面朝北方，一边挥舞衣服一边长呼死者名字，反复多次后结束招魂。然后由另一个人接过衣服，盖在死者的身上。

招魂结束后，由家属为死者进行沐浴更衣，令死者的灵魂得以干干净净地到达阴间，被老祖宗收容。沐浴后，还要举行"饭含"仪式，将珠、玉、米、贝之类的物品放入死者口中，以防死者空着肚子到达阴间。周代典制规定，天子饭黍含玉，诸侯饭粱含璧，大夫饭稷含珠，天子之士饭粱含贝，诸侯之士饭稻含贝。

隔天举行小殓。为死者穿上入棺的寿衣，衣服上用布条打结代替纽扣，即不再脱下的意思。之后举行小殓奠，以酒食祭奠死者。夜间，庭中和堂上要彻夜灯火通明。

第三天举行入棺仪式，又叫作"大殓"，也就是将尸体入棺封盖。家属在棺内铺席置衾，而后举尸入棺，盖棺，家属们再次痛哭，接着举行大殓奠。大殓礼毕，朝夕哭奠，宾客们前来吊唁致奠，亲属们要答拜迎送，感谢前来吊丧的亲朋好友。

接着便要举行送葬仪式。按照传统规定，送葬前，主家要筹备墓穴、随葬品等事宜。送葬前的这段时间因人而异，周代重视礼仪制度，丧葬之期按照等级地位各有定制，天子是七个月下葬，诸侯是五个月下葬，大夫、士、平民则是三个月下葬；汉代与周代不同，葬期大多长短不一，大多数情况下，死者都是尽早地入土为安，但受到战乱、饥荒、天灾等因素的影响，几年或十几年仍未下葬的事例也不胜枚举。

送葬途中，亲友走在灵车前牵着灵车的绳索，使灵车缓慢移动，绑绳的根数和执绋的人数根据死者的等级地位而定。灵车启行时，丧祝要拿着功布在灵车前行走，如果遇见道路高低转折，需要用功布做出信号，告知牵引灵车的人。富贵之家仪仗繁多，灵车前有"方相"开道驱鬼，然后是铭旌、灵牌，灵车后则有僧尼道士一路诵经。出丧过程中，亲友按照五服顺序前后排列，一路哭至墓地。到达墓地后，将灵柩放在席上，把铭旌放在灵柩上，亲友们各就其位，悲伤哭泣。下柩后，再拜稽颡，表达心中的哀思。

"五服"是和丧葬制度同时成形的，由职丧全权负责。《周礼·春官宗伯·典命/职丧》中规定："凡丧，为天王斩衰，为王后齐衰。王为三公六卿锡衰，为诸侯缌衰，为大夫士疑衰，其首服皆弁绖。"也就是说为王服丧穿"斩衰"，为王后服丧穿"齐衰"，王为三公六卿服丧时穿"锡衰"，以此类推。此礼法在贵族中推行，周朝没落后，开始向民间流传，形成了"五服"丧服制度。王公贵族的丧服制度流传到民间后有所改变，后面三种变成了大功、小功和缌麻。所以，民间的五服分别为斩衰、齐衰、大功、小功、缌麻。

其中斩衰为五服中最为隆重的丧服，用最粗糙的生麻布制作而成，不缝制修剪边缝，表示极致的哀痛。

从古至今，每个朝代都制定了不同特色的丧葬礼仪。这些丧葬礼仪，反映出生者对死者的怀念和对生命的敬畏，也是封建礼仪制度和儒家孝道精神的深刻体现。

【知识延伸】

五服制度

在五服制度里，齐衰和斩衰一样也是用粗麻制作而成的丧服，但与斩衰不同的是，齐衰的缝边更加细致整齐。齐衰的丧期分为四种，有齐衰三年、齐衰杖期、齐衰不杖期、齐衰三月。大功用熟麻布制成，丧期为九个月。小功用较为细致的熟麻布制成，丧期为五个月。缌麻是五服中最轻的丧服，用精细的熟麻布制作而成，丧期为三个月。

第三节　古人的居丧与吊丧礼仪

【典籍溯源】

> 居丧未葬，读丧礼。既葬，读祭礼。丧复常，读乐章。居丧
> 不言乐，祭事不言凶，公庭不言妇女。
>
> ——《礼记·曲礼》

居丧制度有着十分严苛的礼法要求，服丧三年，其间禁止一切享乐事宜，不得进行应酬、嫁娶、饮宴、赶考等活动。

【礼俗文化】

丧葬文化是中国传统文化的重要组成部分，儒家经典《周礼》《仪礼》《礼记》《论语》都对丧葬礼有着不同程度的记载。古人极为重视丧事，因此丧葬礼节十分繁缛，程序名目有几十种，称得上是繁文缛节。

一般而言，招魂仪式结束后，会为死者沐浴净身，换上新衣服，进行入殓。还要在遗体东侧设下酒食，以供鬼魂食用，俗称"倒头饭"。而后在堂上设置帷帐，将生者与死者分隔开来。家属易服布素，开始居丧。

所谓"百善孝为先"，父亲或母亲去世，一般要求孝子居丧。服丧期间，孝子要遵守相当严苛的生活要求，不得外出应酬，不得嫁娶，不得饮酒作乐，不得参加宴飨，不得衣着华丽，不得夫妻同房，等等。这些习俗孝子必须遵守，否则会被视为大不孝。

自春秋战国时期开始，便出现了守丧的礼制，孔子弟子子贡曾为孔子

守丧三年。汉代推行"罢黜百家，独尊儒术"，儒家倡导的孝道精神被朝廷所重视，对于居丧守制提出强制性要求。唐宋时期，居丧守制全面法律化，丧家必须严格遵守居丧礼制，不得逾越。

说完居丧守制，再来介绍一下吊丧礼仪。亲人故去后，家属派人向死者的亲友、同事发出讣告，叫作"报丧"。亲友接到讣告后来吊丧，慰问死者家属，叫作"唁"。大多数吊唁者会携带赠送给死者的衣被，其上有以毛笔书写的纸张，上书"某某致"字样，叫作"致襚"。

丧家大门口会设置一口"报丧鼓"，当死者的亲友前来灵堂吊唁时，鼓声便会响起，接着在灵堂内对着遗体哭悼的亲属，就会号哭着出来迎接吊唁的人。吊唁人在哀乐声中向死者行礼哀悼，表达哀思，除了长辈，平辈或晚辈还要向死者跪拜，俗称"先死为大"。

吊唁的整个流程十分讲究，所有参加吊唁的人员皆身着素服，按照亲疏远近的顺序，一家一堂，本家先拜，宾客后拜，长者在前，晚辈在后。还要专门设置两名赞礼生，一名手持焚香站在东面，另一名站在西面。

居丧守制是中华孝道文化的重要组成部分。随着社会的不断发展，丧葬礼仪也被赋予了新的时代内容。现代社会的丧礼比古代简化许多，主要是进行遗体告别和开追悼会。前来吊唁的亲朋身着素衣，佩戴白花，在哀乐声中对着遗体鞠躬致哀，劝慰家属节哀顺变，保重身体。

【知识延伸】

讣　告

讣告是丧家以丧主的名义，向死者的亲友、上级发出的死讯文书报告。大多数丧主为死者的儿子，以长子居前。父丧称"孤子"，母丧称"哀子"，若父母有一方早卒，又逢另一方的丧事，就称作"孤哀子"。若长子早卒，则长孙领头，称"承重孙"。讣告的内容包括死者名字、生卒年月日时和殡葬日期。另外还附有哀启，记述死者的生平事迹。

第四节　丁忧与夺情，忠孝两难全

【典籍溯源】

德林初仕齐，累迁中书舍人，加通直散骑侍郎，别典机密。寻丁母艰，以至孝闻。朝廷嘉之，裁百日，夺情起复，固辞不起。

——《北史·李德林传》

《北史》是一部纪传体史书，共一百卷，主要取材于《魏书》《北齐书》《周书》《隋书》，记载了北魏登国元年（386年）至隋义宁二年（618年）共二百三十三年的历史。

父母去世后，官员依制辞官守孝三年，叫作"丁忧"；服丧期未满，若遇到特殊原因，国家诏令守丧人出仕，这种情况叫作"夺情"。

【礼俗文化】

中国历来重视孝道，对于古人而言，父母去世后，按照礼制规定，子女需要为父母守孝三年。守孝期间的要求十分严苛，借此体现子女对父母离世的深切哀悼。而对于古代官吏来说，若家中尊亲离世，不但要依礼遵守上述禁例，还要解除公职，回家奔丧，这便是"丁忧"。

丁忧又称"丁艰"，即父母去世后，子女依礼居丧守制。早在周代，就已经出现了子女为父母守丧三年的丁忧丧俗。春秋战国时期，儒家思想盛行，强调父母丧礼的重要性，"养生者不足以当大事，惟送死可以当大事"。汉代以后，统治阶级将丁忧服丧纳入礼法，针对居丧守制提出了严格规定，服丧期间不得应试，不得嫁娶，不得寻欢作乐，不得为了职务匿丧不举等。倘若违反规定，则视为大不孝，不仅会受到道德上的谴责，还会受到严厉的律法处罚，判处流放或是一到三年不等的有期徒刑。

隋唐时期，朝廷针对居丧守制做出了详细的立法规定。出仕者必须离职，回家为父母奔丧守孝；有孝在身的学子则不得进京赶考。虽然居丧守制开始全面法律化，但仍有一部分官员为了权力地位选择匿而不报，结果受到了严厉的处罚，轻则丢掉官制，重则命丧九泉。后唐明宗天成三年（928年），滑州掌书记孟升因向朝廷隐瞒母丧之事，被明宗直接赐死。

后世基本延续了这种规定，官员若有父母亡故，必须解除官职离任，若是匿而不报，一经查实，必遭重罚。

自古忠孝两难全，身居重位的臣子一旦因丁忧离职卸任，很有可能影响到国家政事，因此就出现了丁忧之人继续出仕的情形——"夺情"，以权变改常礼，不使终制。除此之外，丁忧未完，就被朝廷召回复职的情形也可称为"夺情"。

丁忧和夺情与政治斗争密切关联。宋代的"李定匿丧""史嵩之起复"皆因丁忧制度而起。在风起云涌的政治斗争中，君主会采取夺情手段留任贤臣，继续辅佐自己；而政敌则会以不孝的罪名拼命打压丁忧之人，破坏夺情让其继续丁忧。

要说成功的夺情事件，不得不提明代内阁宰辅张居正。万历五年（1577年），张居正的父亲去世，彼时张居正刚刚掌权，舍不得放弃到手的权力地位，而皇帝也对这位贤臣极为喜爱，于是夺情留任张居正。

丁忧与夺情制度，发展到如今已经荡然无存。但是千百年的流传，使其在历史上留下了深深的印记，成为中国传统文化的一部分。其背后代表的孝道礼教依旧影响着现代社会的精神风貌和中国人的道德伦理观念。

【知识延伸】

违反居丧礼制的事例

"夫君子之居丧，食旨不甘，闻乐不乐，居处不安"，服丧期间，守孝人不能饮酒、食肉、听音乐、衣着华丽等，否则会被扣上不孝的罪名，受到严厉处罚。唐宪宗元和九年（814年），陆赓去世，其子陆慎余和兄长陆博文在丧期内不仅穿着艳丽，还去酒肆饮酒享乐。此事一经查实，慎余被流放循州，兄长博文被撤职发配到原籍。

第五节　古人为何重视"头七"

【典籍溯源】

因房屋褊窄，停放过了头七，将灵柩送在祖茔安葬。

——《儒林外史·第一七回》

《儒林外史》是清代吴敬梓撰写的长篇小说，共五十六回。他以高超的讽刺手法，揭露了当时吏治的黑暗腐败、封建礼教的虚伪做作、科举制度的弊端，开创了以小说批判现实社会生活的先河，使《儒林外史》成为古代讽刺小说的巅峰之作。

"头七"是指人死后的第七天。在中国古代社会，人咽气之后并不会仓促下葬，而是会停尸七天，过了"头七"之后再安排下葬事宜。

【礼俗文化】

在中国古代丧礼中，人死后灵柩不会马上下葬，一般而言，要停尸七天，一是因为古代的丧礼步骤过于繁缛复杂，需要为下葬仪式留出时间去做准备；二是由于古代医疗水平低下，不能实时检测出人体是否死亡。为了避免假死误判，造成悲剧，尸体通常会放置七天。若是停尸期间死者没有复活，那么就说明死者已经往生。

在民间丧葬传统中，七是一个具有特殊意义的数字。古人认为，人死之后需要花费七个七天才能完成转世投胎，因此逐渐产生了"做七"的丧葬风俗。做七又称"斋七""理七""烧七""七七"等，家中有人去世后，他的家属每隔七天就要请僧尼做一次法事，设斋祭奠，从头七、二七、三七依次到七七，一共四十九天。

头七是做七中的第一个仪式。古人认为，人死后第七天，魂魄会回到家中看一看亲人，了却心愿，时间一到，便会离家，踏上黄泉路，与这个世界挥别。头七这天，家人们要为离世之人准备饭菜，之后便不得随意走动，避免死者的魂魄过于牵挂家人，进而影响他投胎转世，最好的方法是躲在被子里睡觉。有的地方还会在家中烧一个类似梯子形状的东西，寓意死者的魂魄顺着"天梯"走到天上。

古代丧礼很重视头七，在头七当天有不少注意事项。

第一，头七时不可与家人发生言语冲突。头七回魂夜是逝者唯一一次重返阳间了却心愿的时机，看到家人和睦，逝者也可以安心去往另一个世界。若是逝者发现家人争吵，则魂魄难以安息，这样会影响他投胎转世。所以，为了让逝者放心，也为了给自己一点安慰，家人在头七回魂夜一定要缅怀先人。

第二，头七的供品不能选择牛肉、马肉和狗肉。头七子时，阴差会护送逝者的魂魄返回家中，所以家属在选择供品荤菜时候，切记避开牛肉、马肉和狗肉，除此之外，尽量荤素搭配，做得越丰盛越好，以犒劳阴差鬼兵，使逝者免受打压之苦。

第三，头七子时要在家门口放上一碗清水和一碗五谷粮，洗涤逝者的尘埃，消灾解难，避免邪气。次日清晨，家属将清水洒在门前，五谷粮则要撒到河流中。头七当晚亥时撤下的供品，禁止食用；冥钱等物，于十字路口焚化。

第四，坐月子的家眷不宜参与头七祭礼。古人认为，坐月子的人血气深重，极有可能冲撞逝者魂魄。

古人做头七，其形式是迷信的，但背后寄托的无限哀思却是真实的。现代社会中，人们仍然保留着头七的习俗，不过内容更加简化，更多的是哀悼和缅怀逝者。

【知识延伸】

扁鹊与头七的故事

春秋时期，医师扁鹊路过虢国时，得知王子暴毙举国同丧。出于职业习惯，扁鹊打听了死者的病症。了解了王子的病症后，扁鹊认为王子只是进入了假死状态，并没有真的死去。扁鹊赶紧求见国王，向其说明王子还有复活的可能。经过扁鹊的精心治疗，王子气血淤积之症消除，不久之后便苏醒过来。从此之后便有了头七习俗，避免误判将活人埋于地下。

第六节　殡葬礼仪的革故鼎新

【典籍溯源】

天子七日而殡，七月而葬。诸侯五日而殡，五月而葬。大夫、士、庶人三日而殡，三月而葬。

——《礼记·王制》

周代是殡葬礼仪的成熟期，殡葬制度为宗法制服务，以显示尊卑有别、上下有序为目的。死者的地位越高，丧礼越烦琐，殡葬时间也就越长。

【礼俗文化】

生老病死是每个人都无法逃脱的命运，尤其是死亡，是人类无法抗衡也不能预知的不可控事件。在中国传统礼仪文化中，殡葬礼仪产生得非常早，并随着时代和社会的发展而不断发展，趋于系统化、全面化，延续至今。

夏商周时期，殡葬文化礼仪从原始逐渐走向系统化、程序化，殡葬礼慢慢成形。殷商时期盛行隆丧厚葬，人殉、人牲和车马陪葬屡见不鲜。周代以礼制定丧礼制度，根据等级地位制定规格不等的殡葬礼仪。

春秋战国时期，殡葬礼仪基本定型。确认死者断气之后，依次举行招魂仪式、哭悼、沐浴礼、饭含礼、入殓、停殡、出殡。春秋时期的丧俗礼仪对后世影响深远，有些风俗存续千年，流传至今。

秦汉时期的殡葬礼仪大体上继承了先秦时期的礼仪制度，与前代相比更加隆重。汉代殡葬仪式第一阶段的内容包括招魂、沐浴、饭含、入殓、哭丧、停尸等；第二阶段主要是告别祭典、送葬与下棺；第三阶段是葬礼过后的服丧礼，规定繁杂，要求严苛，服丧期间不能参加任何娱乐活动，有官职在身之人必须离职回家守孝，无官职之人不得被举荐出仕，等等。

汉代盛行厚葬之风，三国魏晋南北朝时期则崇尚薄葬风俗。这个时期的殡葬礼仪承袭汉制，但在战乱、迁徙、饥荒、天灾等因素的影响下，又出现了一种渴葬的新现象，"朝终夕殡，相尚以速"，这种快速的殡葬仪式受到了广大人民的欢迎。

唐代对殡葬礼仪极为重视，倡导周礼制度，并在此基础上增添了不少新内容，从死者断气到葬礼结束，共设计了六十六道仪式，有许多繁文缛节。殡葬礼仪的繁缛，也从侧面反映出大唐盛世的安定面貌。

唐代以后，殡葬礼仪受到国家干预，趋于制式化发展。宋代时，为了匡正社会风气和礼仪制度，朝廷多次颁布殡葬仪注，如《政和礼》。许多士大夫也将殡葬礼仪作为参考内容，添加到自己的著作当中，如司马光的《司马氏书仪》、朱熹的《朱子家礼》。

明、清两代风水学说风行，进一步加剧了厚葬仪式的泛滥。这股风气已经严重影响到正常的社会生活，以至于统治者不得不下诏予以纠正。

殡葬礼仪是人类文明发展的必然产物。在几千年的演变过程中，殡葬文化既有客观需要的内容，也有迷信蒙昧的内容。现代社会在看待传统文化时应保持理性的批判和反思，对殡葬文化进行扬弃和传承，继承爱敬尊长、寄托哀思的合理成分，淡化殡葬文化的迷信色彩，使之与现代人的生活方式结合，构建一个科学的殡葬文化体系，不断丰富现代殡葬文化的内涵。

【知识延伸】

烧纸钱的习俗

在古代众多殡葬礼俗中，烧纸钱和纸明器拥有广泛的群众基础，并且流传至今，依然是普遍的社会习俗。纸钱是用纸做的钱币，烧给逝者，以供其在阴间使用；纸明器则是用纸做的一些烧给逝者的物件，比如纸马、纸车、纸房子等。烧纸钱和纸明器的民俗始于唐代，盛行于宋代，并且在宋代还出现了与之相关的生产行业，如纸马铺。

第三章　流觞曲水，古人的宴饮聚会礼俗

第一节　民以食为天，先秦餐饮礼

【典籍溯源】

夫礼之初，始诸饮食。

——《礼记·礼运》

饮食是一切礼仪制度和风俗习惯的发端，是人类最先觉醒的生理机能。很早之前我国就已经形成了一套系统完备的饮食礼仪，经过历代王朝有意识的加工后，饮食礼仪获得了由简到繁的发展。

【礼俗文化】

中国素有"礼仪之邦"的美誉，谈到饮食自然也离不开礼制的影响。当饮食遇到礼仪，就形成了一种独特的饮食礼仪文化。中国饮食文化经历了漫长岁月的发展和演变，起源时间可追溯至先秦时期。那时的古人就已经制定了一整套全面有序的饮食礼仪制度，存续千年，流传至今。

上古时期社会生产力低下，社会制度还没有完全建立。对于先民们来说，饮食只是满足身体需求的行为，不需要珍奇的食材，也不需要高超的烹饪技巧，更不讲究餐饮中的礼仪。

许多人认为饮食文化源于西周时期，《仪礼》《礼记》《周礼》等儒

家典籍中详细记述了周代的饮食礼仪规定，可见当时饮食礼仪制度已经制定成型。但冰冻三尺非一日之寒，文化制度的建立并不是短期就可以完成的。孔子曰："周监于二代，郁郁乎文哉。"孔子认为，西周的礼仪制度是借鉴了夏、商两朝，在前代的经验基础上不断发展而来的。

《墨子·非乐》记载了夏时期的饮食场景："启乃淫溢康乐，野于饮食，将将铭，苋磬以力，湛浊于酒，渝食于野，万舞翼翼，章闻于天，天用弗式。"夏朝时，野外饮宴上就有歌舞相伴。由此可见，至少在夏朝甚至更早的时代，饮食礼仪就已经初具规模。

周代与前代相比，社会生产力快速发展，政治制度进一步完善，工艺技术更加高端，人民的生活水平得到了大幅度的提高，而饮食礼仪也有了一定的框架规范。《仪礼》记载周代的礼仪名目繁多，光是饮食宴请的礼仪就包含了乡饮酒礼、特牲馈食礼、少牢馈食礼等十几项，每一项礼仪的流程都记录得十分清晰具体。这些饮食礼仪起初专为王室、贵族、士人等上层阶级所使用，后来在儒家的大力提倡下，宫廷到民间都有不同程度的传承沿用。

对于先秦贵族们来说，饮食活动不再是单纯的满足生理需要，而是一种维系统治的政治行为，通过饮食礼仪来显示社会身份的尊卑等级，建立上下有序、贵贱有别的等级制度。《礼记·祭统》记载了在周王室祭祀祖先的典礼上，饮食礼制的最后一道流程叫作"馂"。馂礼规定，参与祭祀的人员需要按照身份地位的尊卑顺序，从天子、卿、大夫、士，再到其他底层官员，依次就食祭品。

先秦饮食礼制根据侧重点不同，不同场合下的饮食礼仪流程也有所差别。比如燕礼和乡饮酒礼这类侧重人际关系的礼制，饮食流程都比较复杂，主宾的座席位置、敬酒次序、菜肴的摆放、演奏的乐舞等都有具体明确的流程规定，旨在通过繁缛的饮食礼仪流程表达尊卑等级及对贤才的重视。而与这类侧重人际关系的宴会相比，突出祖先崇拜的祭祀类礼制的饮食礼仪流程则更加简约。

先秦饮食礼仪是中国饮食文化的起源，经过历史长河的洗涤，去除了代表阶级分化的糟粕内容，摒弃了繁缛的祭祀内涵，简化了许多流程仪式，并添加了许多现代元素，使其更适应现代社会的发展需求。

【知识延伸】

先秦餐饮礼的阶级性

先秦时期饮食礼仪体现出鲜明的阶层分化。在食器上，贵族主要使用制作精美的青铜食具，如青铜制鼎、簋、尊、爵等；平民百姓则主要以陶器和植物制作的饮食器具箪、瓢等为主。食材方面，贵族们可以享用稀缺的牛、羊、猪、犬等肉类；底层的庶人百姓则只能食用谷物、豆类、蔬菜和鱼等食物，大型牲畜的肉类是没有资格吃的。

第二节　隋唐宴饮礼仪

【典籍溯源】

　　士子初登荣进及迁除，朋僚慰贺，必盛置酒馔音乐，以展欢宴，谓之烧尾。说者谓虎变为人，惟尾不化，须为焚除，乃得成人，故以初蒙拜受，如虎得为人，本尾犹在，体气既合，方为焚之，故云烧尾。

——《封氏闻见记》

　　《封氏闻见记》是唐代封演编撰的一部笔记小说集，共十卷，详细记载了唐代的用人选官制度、各种风俗习惯、多地古物遗迹和人物逸事等内容，是了解唐代历史生活的重要文献。

　　隋唐时期，饮食礼仪空前发展，各种公私宴饮名目繁多。烧尾宴便是唐代官场流行的一种宴席，是为庆祝升职宴请宾朋同僚甚至是皇帝时所举办的活动。

【礼俗文化】

　　隋唐时期是我国封建社会发展的黄金时期，各种社会制度进一步完善，经济空前繁荣，文化艺术也呈现出欣欣向荣的景象。天下大治、万国来朝的时代，为礼制提供了稳定发展的社会环境。饮食礼制飞速发展，宴饮名目层出不穷，如科举之宴、仕女之宴、游船野宴、节令之宴、官员烧尾宴等。与前代相比，隋唐时期的饮食文化高度发达，呈现出广泛性和普遍性的特点。

五代十国时期南唐画家顾闳中的作品《韩熙载夜宴图》，是难得一见的传世名画。这幅画分别记录了琵琶演奏、观舞、宴间休息、清吹、欢送宾客五个场景，生动形象地再现了古代宴饮场景，反映出那一时期官员宴饮上的饮食礼仪。

《韩熙载夜宴图》的第一段为琵琶独奏，描绘出韩熙载及其他几个贵族子弟欣赏琵琶女演奏的场景。第二段为六幺独舞，展现了韩熙载站在红漆揭鼓旁击鼓，宾客们欣赏舞蹈表演的场景。由这两个宴饮场景可以看出，隋唐时期的宴饮为了活跃气氛，通常会安排歌舞表演。

画中还原了当时宴饮用的桌子、盘盏、果品、菜肴、餐具等物品，能够清晰看到当时一人一桌的座位安排，韩熙载身为主家坐在东面，宾客们则在四桌落座。按照当时的宴请礼仪，倘若宾主的座席是四面的安排，则以东为贵，南面次重，接着是背面，西面最轻，一般是侍从的位置；倘若宾主的座席相对，那么主家面朝西向就座，宾客面朝东向落座。

除了严格的座次之礼，隋唐宴饮礼仪对于餐品的位置、侍从端菜的姿势、食器酒器的摆放等都有明确规定。餐品的摆放颇有讲究，用餐人的左边可以摆放带骨头的肉、净肉和饭食等菜肴，其中带骨头的肉要放在净肉相对靠左的位置。用餐人的右边可以摆放肉羹，正对的方位可以放置调味品。仆人在摆放酒器时，要将酒壶的壶嘴朝向贵客；仆人端菜时，脸部不得朝向贵客及菜肴大口喘气，且若此时有客人问话，仆从必须侧脸应对，避免面向客人、菜肴呼气或是喷吐唾沫。

夜宴第三段描绘了宾主在宴会间休息的场景。韩熙载坐在床上，边净手边与侍女对话，一个女子拿着琵琶和笛箫正往里走，随后跟着一位端着杯盘的女子。此时，红烛点燃，烛火莹莹，被子和枕头都已经摆放好，宾客玩累了可以随时小憩。

从前三段场景可以看出，隋唐时期已经有了座椅、凳子、胡床等高腿坐具，还实行一人一桌一椅的分餐制，与前代相比，人们更加注重自身的舒适度，这也从侧面表现出隋唐时期的盛世风貌。

除了讲究座位安排，隋唐宴饮关于迎客、送客的礼仪也较为烦琐细致，迎接宾客要打躬作揖，开席时要频频敬酒劝菜，宴会后主家还要为客人准备净面、端茶、送牙签等事宜。隋唐时期的宴请礼仪影响深远，在现代宴饮场合中依然能看到隋唐礼仪的影子。

【知识延伸】

古代女性的宴饮活动

隋唐时期，社会风气较为开放，女性地位也得到了高度提升，因此女性也会经常举办宴饮活动，较有代表性的宴饮活动有探春宴和裙幄宴。探春宴主要在立春和雨水两个节气之间举行，女伴们在郊外搭起帐篷宴饮，进行猜谜、作诗等娱乐活动。裙幄宴则是在每年上巳节大宴之后，女伴们去往皇家的曲江园林，先斗花，比赛谁佩戴的花卉更加名贵美丽，然后设裙幄宴，饮宴聚餐。

第三节　古人的座次之礼

【典籍溯源】

　　尝召客饮，坐其兄盖侯南乡，自坐东乡，以为汉相尊，不可以兄故私挠。

——《史记·魏其武安侯列传》

【礼俗文化】

　　在古代的各种礼制中最能够体现宴饮者的身份地位、尊卑贵贱的要数座次之礼。《史记·魏其武安侯列传》中记载，武安侯出任丞相后，举办筵席宴请同僚、亲友，他认为丞相之位尊贵，不能因为哥哥而私自变通规矩，辱没丞相之尊。于是将兄长的位置安排为南向，自己坐在东向。

【礼俗文化】

　　中国自古以来就是讲礼仪、尊礼法、守礼仪的国家，对于长幼尊卑之间的礼仪规矩相当重视。在中国古代，无论是官宦世家，还是平常门户，室内的座次顺序都是极为讲究的，座位的位置和朝向也体现出尊卑有序的思想观念。

　　座次之礼与我国古代房屋结构有密切关联。古代普通住房类型为前堂后室，堂是祭祀、行礼、接待客人的场所，堂内格局一般都是东西向窄，南北向长，因此在堂上举行的礼节活动以南面为尊。皇帝在大宴群臣时，其座位一定是坐北向南，大臣们则是坐南向北。所以古人将称王称帝称作"南面称王"，而把大臣称作"北面"。《文选·孙楚》记载："信能右折燕齐，左振扶桑，凌轹沙漠，南面称王。"

　　说完前堂的座位规矩，再来聊聊古人在室内的座次之礼。室内格局一般都是东西向宽，南北向窄，所以室内对于座位的要求是以东为尊。在整个室内结构中，最能凸显人物地位的座次，当属坐西朝东的方位，这是最尊贵的座位，坐北朝南的方位次之，然后是坐南朝北，最后是坐东朝西。《鸿门宴》中的座次就是如此。

　　《史记·项羽本纪》记载："项王、项伯东向坐，亚父南向坐，沛公北向坐，张良西向侍。"这场鸿门宴设于项羽的军帐，项羽、项伯作为身份最高的人，座位最尊贵，面朝东方而坐；范增作为项羽的谋士，面朝南方而坐；刘邦作为宾客，面朝北方而坐；张良的身份最低，面朝西方而坐。从鸿门宴的座位安排上可以看出，项羽目中无人，骄傲自大。刘邦是客，且曾与项羽约为兄弟，竟让他坐在范增之下，可见项羽根本没有将他看作客人，也毫不顾及往日情谊，才会这样对待他。而且因张良坐在最卑的位次上，稍后进来的樊哙作为刘邦的参乘只能站着。不过也因刘邦等人接受了这样的座次安排，在鸿门宴上表现出了十足的谦卑和遵从，打消了项羽心中的顾虑，才能从项羽军中全身而退。

　　坐西朝东是室内最尊贵的座次，人们经常借此礼敬尊长。汉明帝敬重桓荣，经常去他的府邸探望，"令荣坐东面，设几杖"；又如韩信手下活捉赵国谋士李左车后，韩信姿态摆得很低，"乃解其缚，东向坐，西向对，师事之"，对他尊以师礼，虚心向他求教军事谋略，请他指点如何讨伐燕国和齐国。老师坐在背西朝东的位置，也就是宴席的西侧，后来人们就用"西席"或"西宾"指代传道授业解惑的良师。与老师座次相对的坐东朝西，是主人的位置，长工、私塾先生等被雇用的群体就会用"东家"来称呼主家。

　　在座次安排的礼节上，除了有不同方位上的讲究，左右位置也有规定。不同时期对于左右位置的尊卑问题看法不同，周代以左为尊，战国至西汉以右为尊，东汉至宋为左尊右卑，元朝以右为尊，明、清则恢复了尚左的习俗。此后，这种尚左的习俗便一直流传至今，虽然也有男左女右的说法，但这种顺序并不是强制性规范。

【知识延伸】
与"席"有关的词语

古代早期没有凳子、椅子这类坐具，人们大多席地而坐，并由此衍生出了一系列关于"席"字的词语，大多与宴会有关。例如，举行宴会时，宾客们各就其位叫作"入席"；陪同参加宴饮叫作"陪席"；空着座位叫作"虚席"；离开宴会叫作"退席"。除了词语，也衍生出了座无虚席、虚席以待、席珍待聘、席地幕天等成语。座无虚席是指座位没有空着的，形容听众很多；虚席以待意为等待贤才；席珍待聘意为铺陈珍品于席上，以待人选用，旧指身怀才德的人等待受聘用；席地幕天意为以天为幕，以地为席，形容心胸旷达，不拘形迹。

第四节　古人的用餐礼仪

【典籍溯源】

> 凡进食之礼，左殽右胾。食居人之左，羹居人之右。脍炙处外，醯酱处内。葱渫处末，酒浆处右。以脯脩置者，左朐右末。
>
> ——《礼记·曲礼》

中国古代饮食礼仪十分烦琐，详细到每道菜的摆放位置都有明确规定，要合乎当时的礼仪制度。《礼记》中记载了饮宴进食时的许多注意事项，比如纯肉类要放在客人的左边，饭要放在左边，汤类要摆放在右边，调料放在客人面前，饮品放在右边，烧烤这种味道较重的食物要放到离客人较远的地方，等等。而这些内容仅仅是宴饮礼仪的冰山一角。

【礼俗文化】

我国饮食文化源远流长，博大精深，早在先秦时期就已经形成了一套相当完备的制度。这些饮食礼仪是社交活动的重要行为规范，经过长时间的演变，流传至今，成为当代人普遍接受的用餐礼仪。

《礼记·曲礼》记载："虚坐尽后，食坐尽前。"在宴席上，尊长在前，晚辈在后，表示对尊者、老者的礼敬；用餐时要尽量往前坐，靠近摆放菜肴的桌案，以免菜品不慎掉落弄脏席座，这既表现了对主家的尊敬，也体现了个人良好的素质修养。

宴饮开始后，主家将餐食端上来时，入席的客人要站起来；有贵客到来时，来客都要起立，以示敬意。饭菜摆好后，再在主人的招呼下落座。宴会进行中，主家会热情招呼客人，频频劝菜，催促客人吃哪道菜，客人要予以附和，动筷去吃主人示意的菜品，不可置之不理。这便是《礼记·曲礼》中的食礼之一："食至起，上客起……让食不唾。"这种礼俗在今天依然存在着。现代人聚餐或是参加婚礼、宴会等活动时，都要等到主家开口说开饭才能动筷，而长辈或是主家引导客人吃哪道菜，客人也要给面子，一边附和，一边动筷子。

客人吃掉三碗饭后，便会放下碗筷，对主人说已经吃饱了，主人则会热情地劝说客人再多吃一点儿，客人才开始吃肉。这便是《礼记·曲礼》中的"三饭，主人延客食胾，然后辩殽。主人未辩，客不虚口"。

《礼记·曲礼》说："卒食，客自前跪，彻饭齐以授相者，主人兴辞于客，然后客坐。"酒足饭饱之后，客人跪立在桌案前，收拾桌上的餐具和剩余的食物，交给主家的仆人，主人则会赶紧起身，客气地阻拦。这种饭桌礼仪如今也是十分普遍的现象。到朋友家或亲戚家做客的时候，人们不好意思光吃不干活，就会帮着收拾碗筷，主家往往加以阻拦，劝阻客人不要帮忙，坐下休息即可。

古代的饮食礼仪经过长期的发展演变，被现代社会吸收，成为当今国人默认的用餐规定。现代社会的用餐礼仪中保留着许多古代礼仪传统。比如"毋反鱼肉"，自己吃过的食物不要再放回餐盘；"毋放饭"，吃过的饭食也不能再倒回去；"毋啮骨"，啮骨头会发出不雅的声响，影响别人进食。这些礼仪都是为了维护用餐时的秩序、卫生等，为人们营造出一个良好的用餐环境。

俗话说"人不可貌相"，人们不能从一个人的长相看出他的品格修养，但却能从一个人的吃相中看到这个人的生活情状。从他动筷子的那一刻起，就已经展露出个人修养、气质、情操等内在面貌。所以说，继承优秀传统食礼，也是现代人在人际交往中必修的课程之一。

【知识延伸】

《礼记》中的用餐规定

《礼记》中对于古人的用餐礼仪有着翔实的记载。"毋投与狗骨"，吃饭时不要啃骨头，也不要把骨头扔给狗；"毋扬饭"，不能为了快速散去饭食的热气，就用食具拨动饭粒；"毋固获"，不能专门吃或争抢某一道菜，会给人留下贪吃的印象；"当食不叹"，吃饭的时候不要唉声叹气，尽量保持宴席上的愉悦气氛；"毋嚼炙"，吃饭时遇到大块烤肉，不要一股脑儿地吞咽下去，否则会给人留下不佳的仪态形象。

第五节　古人的敬酒礼仪

【典籍溯源】

> 侍饮于长者，酒进则起，拜受于尊所。长者辞，少者反席而
> 饮。长者举未釂，少者不敢饮。长者赐，少者、贱者不敢辞。
>
> ——《礼记·曲礼》

古人敬酒时，讲究尊卑礼仪，一般而言，晚辈给长辈敬酒时要先行跪拜礼。晚辈走到长辈席前，拜倒饮酒，长者劝止，才能返回自己的座位。若席间长者没有举杯，晚辈不能先饮酒；对于长者的敬酒，晚辈不能推辞。

【礼俗文化】

古往今来，无论是何种形式的宴会，敬酒都是最基础的礼仪。敬酒是酒桌上常见的酒礼，主家对宾客、晚辈对尊亲、下级对上司都可通过敬酒来表达自己诚挚的敬意。中国的敬酒方式历经千年变化，虽然古今略有差异，但是核心内涵却从未改变。

在古代，上至君王，下至庶人，但凡喝酒都要合乎礼仪制度。西周时期就已经颁布了敬酒制度，《诗·小雅·瓠叶》就描述了周代乡饮酒礼的场景："君子有酒，酌言尝之……君子有酒，酌言献之……君子有酒，酌言酢之……君子有酒，酌言酬之。"

宴饮开始前，主人要品尝一下斟好的酒，也就是试饮。宴饮正式开

始后，主人取酒献给宾客，宾客同样取酒回敬主人。主人喝完后，再取酒爵自饮，接着主客对饮，然后宾客随饮。走完尝、献、酢、酬四个部分，就算完成了"一献之礼"。《诗经·小雅·瓠叶》中提到的尝、献、酢、酬，构成了古人最初的敬酒格局。

周代敬酒制度以"三献"为度，献三次酒是最高级别的敬酒礼。到了春秋时期，又出现了五献、九献。献酒礼的次数体现了主人对于客人的尊重程度。春秋时期，公子重耳逃难到楚国，楚成王对他尊以国君之礼，在酒宴上以九献相待。九献表现出重耳在楚成王心目中的尊贵。

众人喝酒时，宾客之间也可相互交错敬酒，叫作"旅酬"。《礼记·燕义》记载了先秦时期的燕礼："献君，君举旅行酬，而后献卿。卿举旅行酬，而后献大夫。大夫举旅行酬，而后献士。士举旅行酬，而后献庶子。"在国君宴请群臣的燕礼上，整个敬酒的过程严格遵循先尊后卑、先贵后贱的礼仪。

先秦时期人们敬酒时，还会高呼"万寿无疆"。《诗经·豳风·七月》中记载："九月肃霜，十月涤场。朋酒斯飨，曰杀羔羊。跻彼公堂，称彼兕觥，万寿无疆！"秦汉时期仍然流行敬酒"为寿"，晚辈向长辈、下级向上级、平辈之间、主客之间均可"为寿"。上寿之人要表达自己的祝福，可以说一些吉利话，也可以赞扬对方的德行和才能，说完便要饮尽杯中之酒。

在唐代酒席上，主宾之间、宾客之间都可自由敬酒。宾客若有意向对方敬酒，则会做出手捧杯盏，略向前伸的姿态，意为"举杯相属"。一般情况下，敬酒不能不喝，对他人敬的酒不喝或者是不喝完，是失礼的表现，通常被认为是看不起人，因此有了"敬酒不吃吃罚酒"的俗语。

唐代以后，桌椅等高级坐具的流行，淘汰了传统席地而坐的形式，敬酒献酬之礼发展更加自由。敬酒之时，主客之间可以相互献酬，而且还要围着酒桌轮饮，这种行为叫作"行酒"或"巡酒"。

宋元时期，行酒之风极盛，在座之人都要围着桌子巡酒。喝完一圈后，人们要在进行下一轮饮酒之前，借助一些娱乐活动疏散酒力，以防自己因不胜酒力而做出失礼的行为。这种从容有余、不至于快速陷入醉态的行酒模式，对后世的酒桌文化影响深远。

无酒不成礼，敬酒是酒宴上的重头戏。古代的敬酒礼蕴含着主人对宾客到来的欣喜与感谢，也体现了宾客对主人的尊重与恭敬，主宾将情谊融于酒中，觥筹交错，其乐融融。时至今日，敬酒礼已经成为中国独有的传统文化，是中国酒文化最重要的组成部分。

【知识延伸】

敬酒用具的选择

古代酒器众多，有爵、尊、角、觥、觚、彝、豆、斝、盉等，人们要根据不同的饮酒场合、敬酒形式，选择合适的酒器。以爵为例，在宴席上有客爵、介爵、酢爵三类酒具：客爵是主人敬献给宾客的酒具，介爵是宾客自饮自用的酒具，酢爵是宾客回敬给主人的酒具。要根据自己的身份特点，选择合乎礼仪规矩的饮具。除了爵以外，尊也是宴席上常用的饮酒用具。与爵相比，尊的形制更大，因此用尊敬酒也代表了更加诚挚的心意。招待重要的客人时，主人通常会使用尊这类高级饮具，以尊敬酒，既表现了主人对客人的深厚敬意，也彰显了客人的地位级别。如今，用尊敬酒的习俗已经消失，但是"尊敬"一词却流传下来，成为各种场合惯用的客套词语。

第三卷

一脉相承，传承文化的古之常礼

第一章　古人的信仰之礼

第一节　古代先民的自然崇拜

【典籍溯源】

> 燔柴于泰坛，祭天也。瘗埋于泰折，祭地也。用骍犊。埋少
> 牢于泰昭，祭时也。相近于坎坛，祭寒暑也。王宫，祭日也。夜
> 明，祭月也。幽宗，祭星也。雩宗，祭水旱也。四坎坛，祭四时
> 也。山林、川谷、丘陵，能出云，为风雨，见怪物，皆曰神。有
> 天下者，祭百神。
>
> ——《礼记·祭法》

自然崇拜，即对自然神力的崇拜，体现了人类对自然界的依赖心理。古人认为万物皆有灵，日月星辰、山川石木、鸟兽鱼虫、风雨雷电等，都是有情感、有神性的实体，从而衍生出自然崇拜。这种观念也明确地反映在古代的祭祀礼仪上。

【礼俗文化】

自然崇拜是中国自古以来就有的宗教习俗，它包含天体、自然力和自然物三个方面，如日月星辰、风雨雷电、山河湖海、鸟兽鱼虫等。在古人眼中，它们神秘诡异，具有至高无上的灵性，能够直接影响人们的

生存环境。早期的人类社会并不能正确认识这些自然物和自然现象，也无法与之抗衡，因此在不能认知和征服的前提下，萌生了自然崇拜。

天体方面的崇拜对象有日神、月神、星神等，不同的朝代对于自然神的崇拜各不相同。夏王五朝将日神看作邪恶的神灵，人们普遍认为日神能够带来灾祸。《墨子·非攻下》中记载："逮至乎夏王桀，天有诰命，日月不时，寒暑杂至，五谷焦死。"商代则视日神为善恶兼具的自然神，人们从太阳的变化中寻找规律，判断是否有灾祸降临，因此祭拜日神的宗教活动十分频繁。在商代甲骨文中经常能看到"出日""入日""宾日"的记载。与夏、商相比，周代对于日神的崇拜逐渐没落，但是祭祀日神的活动却保留下来，成为神化王权、加强统治的合理象征。在《周礼》《礼记》《仪礼》等儒家经典中，都记载了周天子率群臣祭日的场景。

月神与日神相比，神力更加淡薄，通常作为日神的配角进行祭祀。相比日、月，星辰更加渺小、美丽、神秘，人类对于星辰的崇拜，甚至一度超过了日神和月神。在周代，人们认为星神具有主管风雨的神力。到了春秋时期，人们给星神赋予了司命和司禄的神性，司命星主宰赏罚命运，司禄星掌管官场仕途。

除了遥远的天体，神秘的自然力也是自然崇拜的主体之一。早期的社会，由于社会生产力水平低下，人类不得不依赖自然，随着自然环境的变化调整生活方式。对于人类极不发达的思维观念和匮乏的实践经验来说，这些自然现象力量庞大却又不可捉摸，已经超出了人类本身所能理解的范畴，因此，自然力也成为人类崇拜的主要对象。

人类将自然力拟人化，将其视为有实体的对象，逐渐产生了雨师、风伯、雷公、云神等自然神。先秦时期以农为本，因此雨师崇拜十分兴盛。雨师祭祀一般有三种：第一种是炆祭求雨，即焚烧巫人求雨；第二种是奏舞求雨，即动用乐队伴奏，跳舞求雨；第三种是作龙求雨，采用舞龙、画龙、虐龙等形式求雨。人们深信龙的请雨能力，找龙求雨已经成为妇孺皆知的常识，后世更是广建龙王庙，向龙王献祭求雨。

从对自然力的崇拜中，衍生出对自然物的崇拜。《说文解字》记载："龙，鳞虫之长，能幽能明，能细能巨，能短能长，春分而登天，秋分而潜渊。"先秦人民认为龙是顶级的神兽，拥有通天、掌管雨水的神力，能够给人们带来祥瑞之兆。

自然崇拜源于社会生产力低下。庞大神秘的自然界，既能给人类提供赖以生存的生产资料，又能给人类带来灾难和祸患。人类一方面对它敬而远之，另一方面又不得不依赖它生存，这一矛盾冲突激发了人类的崇拜心理。

【知识延伸】

植物崇拜的起源

人类对于植物的崇拜，最早来源于稷。稷，指粟或黍属，是人类最先培育出的植物，在古代饮食结构中占有重要比例。稷作为古代重要的粮食作物，被人类视为"百谷之长"，之后更是被奉为"五谷之神"。由于稷的不可替代性，人们常把对稷神的祭祀和对土地神的祭祀放在一起，俗称为"社稷"，后来逐渐成为国家的代称，如"江山社稷"。

第二节 祖先崇拜与神灵信仰

【典籍溯源】

　　无定河边之骨，静待轮回；金闺梦里之魂，还践乡土。 如
蹈前愆，必贻后悔。

——《聊斋志异·谕鬼》

　　《聊斋志异》是清代小说家蒲松龄创作的文言短篇小说集，全书共
四百九十一篇，题材广泛，内容丰富，既有对科举选士制度的抨击，也有
对真挚爱情的讴歌赞美。《聊斋志异》文笔细腻简练，塑造出众多艺术经
典形象，记述了无数离奇曲折的故事，以玄幻鬼怪之事揭露了明末清初的
社会问题。

　　自古以来，民间便流传着鬼灵之说，人们深信人死之后灵魂不灭，会
对现实生活中的人类产生直接影响，并且认为若是人的行为不义，必然会
遭到鬼魂的报复，由此逐渐流传许多鬼怪故事。

【礼俗文化】

　　祖先崇拜与神灵信仰是宗教文化中的重要内容，也是起始较早、流
行较长、传播地域较广泛的崇拜观念。祖先崇拜与神灵信仰的核心内涵
是灵魂不灭、万物有灵的世界观，从原始时代开始，鬼魂之说便深入人
心。"大凡生于天地之间者皆曰命，其万物死皆曰折，人死曰鬼"，人
们相信人死之后灵魂犹在，它会进入一个超自然世界，在鬼魂世界继续

生活下去。

在先秦时期，人们对鬼魂之说深信不疑，认为肉体虽然泯灭，但是灵魂依然会影响到现世，并逐渐产生了祖先死后灵魂继续庇佑子孙后代的观念。基于此种思想基础，人们对于这股能够保护家族、福荫后代的神秘力量产生了崇拜。

古人的祖先崇拜主要有三个特点：第一是排他性。每个家族都有自己的祖先神。同族间具有强烈的血脉认同感，而对异族则采取严重排斥的态度；第二是深信祖先灵魂的魔力，认为祖先能与后代族人沟通互感，给予福荫；第三是以祖先名称作为家族标志，使古代宗教超越了原始图腾崇拜和生殖崇拜，上升到人文崇拜的境界。

族人对于祖先神十分崇敬，为了得到祖先的庇护和赐福，开展了一系列祭祖、祈福活动。《礼记·祭法》注中记载："凡祖者，创业传世之所自来也。宗者，德高而可尊，其庙不迁也……祖者，祖有功，宗者，宗有德，其庙世世不毁也。"古人将建功立业、德高望重的先祖奉为神灵，并为其建造了供奉之所。一般而言，同姓之人享有同一个宗庙，同宗之人享有同一个祖庙，同族之人享有同一个祢庙。

人们普遍认为，灵魂有善恶之分，好人死后会变成做好事的善鬼，因此可以安葬在家族墓地之中，福荫后代；而坏人死后会变成害人的恶鬼，影响家族子孙的发展，因此不能进入家族墓地。

鬼魂之说盛行不衰，鬼灵信仰流传甚广。龙、凤凰、麒麟、鸾鸟等神兽，自古以来便是祥瑞之物，因此备受人们尊崇。除此之外，人们也将白雀、白雉、白狐、白狼、九尾狐、白鹅、白鸽、白兔等动物视为灵物，如《晋书·乐志》记载："白雀呈瑞，素羽明鲜。"

植物里也有驱邪避鬼的灵物。比如说桃树，人们用桃树制作桃木剑、桃符等物，将桃木剑放于枕下，桃符挂在门上，用以辟邪。大蒜也是极佳的辟邪灵物。大蒜属阳，妖邪属阴，且大蒜气味浓烈，因此被人们看作驱鬼之物。

鬼灵信仰由来已久，并且渗透至人类社会生活的方方面面，许多历史文献上都记载着相关内容，还流传着许多神鬼故事，如《搜神记》《续齐谐记》《述异记》等。时至今日，祖先崇拜与鬼灵之说仍然存在。

【知识延伸】

祖先崇拜的来源

祖先崇拜是我国宗教文化的重要组成部分，产生于母系社会向父系社会发展的过渡时期。华夏子民认可崇拜的祖先有女娲、伏羲、神农、黄帝、炎帝、帝喾、颛顼、尧、舜等。其中女娲和伏羲被尊为"华夏始祖"，这是母系社会转向父系社会时出现的祖先神。到了父系社会时，祖先神全部为男性，也就是黄帝、颛顼、帝喾、尧、舜等。由此可以看出，祖先崇拜源于原始先民对本氏族创始人的敬拜思想。

第三节　古人的儒学信仰

【典籍溯源】

> 有天地然后有万物，有万物然后有男女，有男女然后有夫
> 妇，有夫妇然后有父子，有父子然后有君臣，有君臣然后有上
> 下，有上下然后礼义有所错。
>
> ——《易传·序卦》

《易传》是解读《易经》的经典著作，具有浓厚的儒家伦理色彩。《易传》共七种十篇，分别是《彖传》上下篇、《象传》上下篇、《文言传》、《系辞传》上下篇、《说卦传》、《序卦传》和《杂卦传》，统称为《十翼》。

儒家重视伦理，五伦是社会生活中最基础的伦理关系，即父子、君臣、夫妇、兄弟、朋友五种关系。任何一个社会群体，无论是民族还是部落，都不可能废弃五伦关系。五伦关系是天所赋予人的道德关系，它超脱时空，不因时间、空间而停止或存续。五伦关系是人际交往中的道德原则，人们只有遵守这五种德行要求，社会才能和平安定，国家才会繁荣发展。

【礼俗文化】

什么是信仰？信仰是超越现实意义的价值诉求，是人类精神生活的思想源泉，是社会普遍化的行为准则，也是日常生活中的教化机制。

传统中国社会实际上是以儒学为信仰的。在中国古代社会的传统文化中，儒学作为学术界的主流思想，始终影响着一代又一代中国人的成长。在漫长的历史岁月中，儒学不断更新、完善，融汇各家学说，以稳健的步伐持续向前迈进，尽管不断受到道教、佛教等宗教的冲击，也不曾动摇过它的正统地位。

从魏晋南北朝时期开始，人们将儒学看作一种宗教，开始与道教、佛教相提并论。《北史·周高祖纪》载："帝升高座，辨释三教先后。以儒教为先，道教次之，佛教为后。""三教九流"中的"三教"指的便是治国安民的儒家、崇尚黄老列庄的道教和外来的佛教。清代末期，康有为提出了"孔子创教"的说法。胡适先生在《说儒》一书中发表了自己对于儒家和儒教的论述观点，他认为儒士是殷商的教士，是宗教神职人员。以上说法都为儒学的宗教性质找到了证据。

但从严格意义上来讲，儒学并不是真正的宗教。因为儒学内容并非强调对神灵的皈依信仰，既没有明确规定宗教的教规戒律，也没有具体的宗教形式，更没有定期的宗教组织活动。但是从儒家思想的核心义理来看，儒学是符合信仰内涵的。

第一，信仰是超越现实意义的价值诉求。信仰的根本含义，是永恒的价值观念，是超越功利、超脱世俗的价值诉求，这是与世俗化教条在本质上的区别。《礼记·大学》中的格物、致知、诚意、正心、修身、齐家、治国、平天下，就是要求人们通过道德上的自律来达到顿悟，进而进入"穷天理"的境界。天命、道体是儒学思想最根本的价值取向，宋明理学完成了儒家思想最终的哲学形态，形成了天人合一的理论体系。

第二，信仰是人类精神生活的思想源泉。信仰者对永恒意义的追求，必然带给他源源不断的灵感，提供精神生活上的富足。毫无疑问，儒学在这一点上也是符合的，子曰："修己以安人，修己以安百姓。"毋庸置疑，仁道给儒家弟子带来了价值感。

第三，信仰是社会普遍化的行为准则。信仰不仅仅是个人的内心体验，它也具有一定的普遍性，在社会实践和伦理关系中存在着一系列的行为规范，来约束信仰者的行为。孔子曰："君君，臣臣，父父，子子。"儒家重人伦，践行五伦之道，将血缘关系上的父子之道、家庭伦理上升到社会政治上面，以孝为基础，维护宗法等级制度。

第四，信仰是日常生活中的教化机制。从信仰的社会功能来说，信仰必须建立在理性的思考之上，具备解释生活的教化功能，并有一套得以传承的理论系统。儒家的理论体系完全符合这层内涵，它提供了完备的礼乐制度、政治制度理念，并渗透在社会生活的方方面面。

儒学信仰的传承延续千年，仁、义、礼、智、信、忠、孝、节、廉等君子品格，依然是现代社会提倡的品德素质。现今社会我们对于儒学的信仰，更多的是对人生意义、人生追求的信仰，也就是孔子说的"成人之道"，是要成为一个更好的人。

【知识延伸】

儒学的发展

儒学起始于春秋时期，孔子为恢复周礼创立了儒家学说。秦朝时期，朝廷实行"焚书坑儒"的政策，儒学深受打压。西汉时期，董仲舒向汉武帝提出的"罢黜百家，独尊儒术"建议，拯救了前代受迫害的儒学，明确了儒学的正统地位。汉代时佛教传入中国，东汉末期道教创立，三教并立的局势形成。从魏晋南北朝开始，儒家对道家、佛家理论进行批判、吸收，最终在宋明时期，理学完成了儒家思想的终极形态，确立了儒学在人们心中的地位。

第四节　古人的道教信仰

【典籍溯源】

　　羲轩已来，广成、赤松、令威、安期之徒，何代不有？远则载于竹帛，近则接于见闻。古今得者，皎皎如彼。神仙可学，炳炳如此。凡百君子，胡不勉之哉！

——《神仙可学论》

　　《神仙可学论》是唐代吴筠编著的一部仙学理论著作。该书主要谈论了神仙是否可学的问题，指出了七种近乎得道成仙的表现，阐述了通过潜心修炼和广积功德便可以达到仙道的观念，对于研究道教的神仙学思想具有重要意义。

　　古人对神仙学说深信不疑，他们坚信勉力勤学，修炼得法，便会进入仙道境界。唐代高道吴筠专门撰写了《神仙可学论》，提出了"神仙可学，炳炳如此"的见解。总的来说，不管是历史典籍的记载，还是人们的所见所闻，神仙思想的盛行反映出人们对长生不老、延年益寿的渴望。

【礼俗文化】

　　道教是中国本土宗教，以"道"为最高信仰。道教崇尚黄、老道家思想，尊老子为教主，承袭战国以来的神仙方术思想衍化形成。道教主张道法自然，提倡无为而治、以柔克刚等朴素的辩证法思想。虽然道家思想不占据思想界的主流地位，但仍渗透至中华民族各个文化领域，对于中国乃至世界文化产生了重要影响。

春秋时期，老子融汇古老先贤之大智慧，形成了"无为无不为"的思想理论。这也标志着道家哲学思想的定型。道教成型于东汉时期，兴起之初，出现了大量道家组织，比较出名的有太平道、五斗米道。一般认为东汉末年张道陵创立的五斗米道是道教定型化的标志。

东汉时期的道家比较混乱：其一是没有统一的道家经典教义；其二是没有统一的教主领袖，几大道教势力各自独立，不存在统属关系；其三是道教的发展出现了分歧，部分道教势力向统治阶级靠拢，不断迎合上层社会，其余道教势力则走向武装起义，选择了与统治者对立的立场。此时的道教文化混杂了多种学说思想，主要有神仙方术思想、古代养生学、医学、儒家学说、道家学说、原始信仰等。

魏晋南北朝时期是道教发展的成熟期。道教逐渐具备了宗教性质，已经有了《道德经》《正一经》《太平经》这些统一的宗教教义，也有了受戒、祈请、消灾和三元会等宗教礼仪活动，吸纳了众多信徒。此时的道教以得道成仙、永生不死作为最高目标，围绕着成仙不死的核心思想，衍生出一系列宗教教义学说，以及炼丹、服气、辟谷等修炼方术，以达到宣扬神学思想的目的。

唐代是道教发展的黄金时代。唐王朝统治者自称老子后代，认为道教是他们祖先的宗教，所以将道教排在第一位，尊道教为"国教"。唐代皇族大力扶植道教，高祖、太宗、高宗、玄宗都崇尚道教。高祖时期将三教顺序列为道教第一，儒教第二，佛教最后。玄宗时期追尊老子为"太上玄元皇帝"，将《老子》《庄子》纳入科举考试，大肆修建道观、供养道士，道教发展一时盛极。

宋代是一个积贫积弱的朝代，因此，宋代帝王对于道教的信奉都带有强烈的政治色彩，希望借助道教安定人心、稳固国基。在皇帝的刻意引导下，提倡神仙长生术的派别逐渐没落，祈福消灾、除妖驱邪的符箓派得以兴盛一时。宋徽宗在位时期，沉溺于道教，自称"教主道君皇帝"，设置道官、道职、道学等。民间的信道之风也愈演愈烈，百姓们经常请道士来念经消灾。

元代时民族矛盾异常尖锐，统治阶级为了缓和民族和社会矛盾，对各宗教予以扶植，因此给了道教快速发展的机会，使得全真教盛极一时。

明代也是道教发展的鼎盛时代，大明帝王几乎都是道教的忠实信徒。

清朝统治者实行满汉一体的政策，因此道教发展缓慢，逐渐走向衰落。

道教虽然尊老子为教主，但其追求的终极目标并不是老庄思想的哲学意义，而是以长生不死、羽化成仙为理想，所以道教的信徒为了能够长寿，最常做的就是服用丹药，延长寿命，养生长生。道教发展至今，许多宗教活动慢慢转化为民间风俗，成为中国风俗文化的重要组成部分。

【知识延伸】

"二龙不能相见"的故事

明代嘉靖帝沉迷修道，将大量精力花费在修仙炼丹上，且在宫廷中养了许多道士，对他们的话更是言听计从。嘉靖帝子嗣亲缘单薄，许多儿子出生之后不久便不幸夭折。嘉靖帝对此既悲伤又恐惧，便询问当时最宠爱的道士陶仲文。陶仲文给出了"二龙不能相见"的说法，意思就是皇帝是真龙天子，皇子是潜龙，二龙相见必然会相冲，克死其中一条，要破除子嗣早夭的局面，就不能与皇子见面。嘉靖帝信以为真，从此便不肯再与儿子见面。嘉靖帝一生有八个儿子，只有两个没夭折，其中没怎么见过的皇子也都英年早逝。从科学角度来看，古代医疗水平低下，卫生条件也相对较差，孩子早夭的现象十分普遍，"二龙不能相见"的说法毫无依据。

第五节　古人的佛教信仰

【典籍溯源】

丁亥，舆驾躬耕籍田。三月庚子，高祖幸同泰寺，设无遮大会，舍身，公卿等以钱一亿万奉赎。

——《梁书·本纪》

《梁书》为二十四史之一，是唐代姚察、姚思廉编撰的一部纪传体史书，全书共五十六卷，包括本纪六卷、列传五十卷，主要记载了南朝萧齐末年的政治和萧梁皇朝五十六年的历史。

魏晋南北朝时期，佛教文化在中原地区发展壮大，这种文化现象与当时统治者对佛教的大力弘扬关联密切。梁武帝笃信佛法，身体力行地支持僧侣传教，数次舍身寺庙，讲经论法，布施捐献，可见佛教信仰在南北朝的根基深厚。

【礼俗文化】

在中国众多的宗教流派中，以佛、道两教名气最大，影响力也最为深远。道教是中国土生土长的宗教，佛教则是外来传入的教派，按理来说，佛、道之争中，作为本土宗教的道教应该远胜过佛教，但事实上佛教的名气及对民众的影响力丝毫不逊于道教，甚至佛教对民众的影响更大，流传也更加广泛。

佛教起源于天竺地区，汉代时传入中原地区。佛教文化最早传入中国是在西汉哀帝时期。《三国志·魏书·乌丸鲜卑东夷传》注引《魏略》载："天竺又有神人，名沙律。昔汉哀帝元寿元年，博士弟子景卢受大月氏王使伊存口受《浮屠经》。"佛教文化正式进入中原是在东汉时期，使臣受汉明帝的委托到西域寻找高僧，为汉朝带回了迦叶摩腾和竺法兰两位高僧，自此以后，便不断有西域高僧来到中国内地翻译经书、传播佛教文化。

自汉明帝引入佛教以来，百年时间里，佛教的发展一直不温不火，没有什么起色。直到魏晋南北朝时期，时局动荡，百姓流离失所，朝不保夕，佛教凭借来世轮回之说在中国获得了长足发展，上至公侯卿相，下至庶民百姓，都纷纷成为佛教信徒。这一时期，佛教僧尼众多，寺院遍布各地，"南朝四百八十寺"便是佛教兴盛发展的真实写照。另外，这一时期开凿了大量的佛教石窟，如洛阳龙门石窟、大同云冈石窟、天水麦积山石窟等，还出现了居家礼佛的风俗。

隋唐时期是佛教发展的鼎盛时期。在统治者的有意协调之下，形成了佛教、儒教、道教三教并立的形势。这一时期佛教发展的特点为流派众多，主要有八宗：天台宗、禅宗、法相宗、密宗、净土宗、华严宗、三论宗、律宗。佛教的盛行对人们的日常生活产生了极大的影响，听经说法、布施投献、捐资立寺、写经造像、供僧和放生等佛教信仰习俗已经极为普遍。

宋代国力衰弱，与辽、西夏、金、蒙古之间不断发生军事冲突，因此民族和社会矛盾十分突出。为了缓和矛盾冲突，安定民心，统治阶级将佛教看作一种"有神政治"的精神工具，大加利用，佛教逐渐渗透到民众的日常生活之中。辽、金受宋的影响，崇佛风气愈演愈烈，在契丹女子中甚至流行起一种名为"佛妆"的奇特装束，"面涂深黄，红眉黑吻"。

元代以藏传佛教的地位最高，奉喇嘛教为国教。

清代前期，佛教被统治者所提倡，康熙、雍正、乾隆皇帝都十分喜欢佛教文化，甚至雍正帝还亲自编写了《御选语录》《拣魔辨异录》等佛书。清末以后，随着近代西方文明的强势输入，新思想、新文化逐渐兴起，佛教逐渐走向衰落。

佛教自传入以来，与中国本土文化相互交流、融合，其流传之广、影响之深完全不下于本土的道教。时至今日，佛教已成为中国传统文化的重要组成部分。

【知识延伸】
武则天与佛教的渊源

佛教在唐代的繁荣发展，离不开武则天的扶持。当时传言武则天原是男菩萨身，转世投了女身，解决了女子为帝的舆论争议，为武则天登基为帝造势。《大云经》记载："是天女者……为众生故，现受女身……女既承正，威伏天下，阎浮提中所有国土，悉来承奉，无拒违者。"武则天为了感谢佛教，也为了巩固自己的统治，打压道教，尊佛教为国教。

第二章　古人的祭祀之礼

第一节　古人祭祀天地之礼

【典籍溯源】

> 每逢祭祀，于陈祭器之后，即令御史会同太常寺官遍行巡
> 查，凡陪祀执事各官，如有在坛庙内涕唾、咳嗽、谈笑、喧哗
> 者，无论宗室、觉罗、大臣、官员，即指名题参。
>
> ——《大清律例》

《大清律例》内容主要承袭于《大明律》，草创于顺治三年，经过康熙、雍正两朝略有增损，乾隆五年重新修订，趋于完备，是中国封建社会最后一部成文法典。

祭天仪式是皇家独有的祭祀典礼，由皇帝亲自主祭。自周代开始，郊祀祭天便成了祭祀礼仪中最隆重的仪式。清朝入主中原后，也沿袭了汉族的祭天传统，从《大清律例》的记载中可以看出，祭祀天地在当时仍然是最严肃、最具权威性的礼仪活动。

【礼俗文化】

皇帝自称为天子，是上天任命的人间统治者，享有绝对的权力。受命于天、君权神授增加了皇权统治的神秘性与权威性，因此祭天是历代王朝

都极为重视的政治活动。

古往今来，各朝皇帝不论如何声色犬马、骄奢淫逸，都不敢在祭祀上天这项活动中有丝毫的懈怠。周代制定了祭天礼仪，每年冬至之日在国都南郊的圜丘举行祀天大典，由皇帝主持祭祀仪式。在柴垛上放置珍贵的牺牲玉帛等祭品，然后点燃柴垛，柴垛燃烧后会散发出浓浓的烟灰，古人认为牺牲玉帛会随烟气升腾于天，令天神闻到味道，享用祭品。

后世的祭天仪式基本沿用周礼的模式，遇到新皇登基、册立皇后、立皇太子、御驾亲征、重大节日等情形，便会举办隆重的祭天典礼。明代时朝廷还在北京南郊修建了天坛，可见古代帝王对祭天仪式的看重。

天在上，地在下，天为阳，地为阴，天为父亲，地为母亲，天高于地，因此祭地仪式的档次要略低于祭天仪式。祭地仪式的对象主要是社神、山神、水神、火神等所有地上的神灵，而且祭祀地神不再是皇家的专权，平民也可以进行祭祀。

平民对地神的祭祀对象，通常会选择与日常生活密切相关的神灵。在众多地神中，受供奉最多的就是社神。社即为地，社神就是土地神，对于以农业为主的古代中国而言，土地在生产结构中占据了极大比例，因此各家各户与社神的关联是最紧密的。现在南方最常见的城隍庙就是当年古人祭祀社神的地方。

在中国古代通常祭天与祭地是同时进行的。在祭天地仪式中，最庄重、最威严的仪式当属封禅。何为封禅？封为祭天，禅为祭地，封禅是指帝王在泰山祭祀天地的仪式。"封禅以告太平也"，封禅是太平盛世才会举行的祭祀典礼，只有功绩卓绝的皇帝才有资格封禅。在封建时代，举行过封禅仪式的皇帝有秦始皇、汉武帝、汉光武帝、唐高宗、唐玄宗、宋真宗六人。

封禅一般都是在泰山举行。古人认为东岳泰山是阴阳交替、万物始生的地方，泰山之巅离天最近，因此在泰山顶行封祭天，才是真正的受命于天。又因为天的地位高于地，所以封的仪式也要高于禅，便在泰山脚下行禅。实际上各朝行禅的地方并不是完全统一的，有的在梁父山，有的在肃然山，有的在云云山，虽然都在泰山附近，但以梁父山居多，因此便有了"封泰山，禅梁父"的说法。

祭祀天地，并不是迷信，而是出于一种知恩图报、饮水思源的意识。古人认为所有的生活资料全都来自天地的恩赐，所以祭祀天地是对天地生养、成就之恩的回报、感恩。

【知识延伸】

秦始皇封禅的故事

古往今来，能够封禅的君王，只有寥寥数人。历代封禅的礼仪都不太相同，先秦时期虽然有封禅的说法，但是各大礼制典籍没有记载具体的仪式流程。秦始皇是中国历史上第一个封禅的帝王，因此他在准备封禅仪式时，特意召集儒生讨论封禅事宜，但是众儒生并没有给出统一的方案，于是秦始皇便自行商定了封禅礼制。秦始皇乘车登山，遇到不好行车的地方，便伐树砍草，从泰山南坡登上山顶后，立石颂德，完成封礼，然后从北坡下山。下山途中，遇上了暴风雨，秦始皇在危急之时发现路边有一棵大松树，这位不可一世的帝王连忙跑到树下死死抱住树干。雨来得快去得也快，雨停后秦始皇就继续下山了。因松树护驾有功，秦始皇就加封此树为"五大夫松"。

第二节 古人祭祀先祖之礼

【典籍溯源】

> 上事天，下事地，尊先祖而隆君师，是礼之三本也。
>
> ——《荀子·礼论》

除了祭祀天地，祭祖也是祭祀礼仪中的重头戏。祭祖的根本意义在于报本反始，旨在教民追古思今，敬宗孝祖，慎终追远。

【礼俗文化】

人们信奉天神之说，自然也就相信与之相对的鬼魂之说。古人深信人在死后灵魂不灭，功德深厚的祖先灵魂可以与子孙交流互感，在保佑子孙后代繁荣昌盛的同时，也可以起到管制、惩戒的作用，由此逐渐产生了祖先崇拜思想。人们常常举行祭祖活动，供奉祭献，祈求先祖为后代施福避祸。

关于祭祖活动最早可以追溯到黄帝时期，《竹书纪年》记载："黄帝崩，其臣左彻取衣冠几杖而庙祀之。"后代子孙感怀黄帝功绩，便举行了隆重的祭祀活动。

到了商代，人牲祭祀是非常普遍的现象，每次祭祀使用的人牲数量不一。

周代有了较为完备的祭祀礼仪，包括上香、读祝文、奉献饭羹、奉茶、献帛、献酒等，并结束了活人祭祀这种血腥残酷的祭祀方式，改为用人陶、面点代替活人。

春秋时期，随着儒家文化开始盛行，儒家所提倡的伦理情结也逐渐被大众接受，人们在祭祖时，心中除了骄傲与敬畏，又多了一些怀念的意味。到了秦汉时期，祭祖已经成为人们生活中不可缺少的礼俗活动。无论是王公贵族，还是平民百姓，都可以将自己祖先的牌位放在供桌上进行祭拜。久而久之，祭祖便成为带有中华底蕴的古老习俗，一直延续到今天。

古人进行祭祖活动是为了饮水思源，慎终追远，这与儒家文化提倡的孝道精神是不可分割的。通过祭祀活动，可以表达对祖先的尊敬和深切的怀念，还可以加强家族血脉的认同感和集体凝聚力，达到安家固邦、维护宗族利益的目的。

为了展现孝道，大家在过年过节的时候也不会忘记祭祀祖先，经过长时间的发展，慢慢形成了春节、清明节、重阳节、中元节等传统的祭祖节日。

孝道精神是中华民族一直提倡的传统美德，因此祭祖的优良传统从不曾被国人遗弃。祭祖习俗发展到现代社会，为了保护环境、节能减排，人们逐渐减少了之前的焚烧行为，改用献鲜花、种植树木、诗歌朗诵、折纸船、网上祭奠等祭奠方式进行祭祀。

祭祖是一种文化传承，扎根在中国人的血液里，加强了整个中华民族的凝聚力。无论经历了多少次战乱、天灾、饥荒、迁徙，祭祖文化从未间断，一直在民间传承。

【知识延伸】

古代王室的祭祖场地

中国古代将供奉历代帝王牌位、祭祀祖先的地方叫作"太庙"。《释名·释宫庙》记载："宗庙，宗，尊也，庙，貌也，先祖形貌所在也。"夏朝时叫作"世室"，殷商时叫作"重屋"，周代时叫作"明堂"，秦汉起称之为"太庙"。

第三节 古人祭祀神祇之礼

【典籍溯源】

> 其事鬼神也，酒醴粢盛，不敢不蠲洁，牺牲不敢不腯肥，珪璧币帛，不敢不中度量。
>
> ——《墨子·尚同》

《墨子》是阐述墨家思想的著作汇编，主要记录了墨子的言行举止，着重阐述了墨子的思想主张，涉及哲学、工程学、军事学、几何学、逻辑学等自然科学的内容，这些理论与后世的科学类著作相比，也是毫不逊色的。

古人认为，天地间的神鬼拥有神奇的力量，可以掌握人世间的一切，包括国家的兴旺衰败。如果人们归顺神灵，虔诚地祈祷，恭敬地供奉，令神鬼满意，便会实现自己的心愿。玉帛是祭礼常用的供品。在人们眼中，玉有名贵、美好的寓意，人们将天帝的居所称为"玉台"，将仙人的住所称为"玉楼"，由此可见玉的贵重。帛，是丝织物的总称，是贵族用于御寒蔽体的生活用品。古代的普通人根本穿不起帛，只能穿葛麻，因此可以看出帛在古代是极为珍贵的。给神献祭的东西理应是最好的，因此玉帛便成了祭礼常用的供品。

【礼俗文化】

上古时期，人类尚未建立科学的世界观和价值观，思维方式极其简单，对于周遭的一切都保持着好奇和恐惧。天上的风雨雷电、日月星辰，地上的山石树木、飞禽走兽、花鸟鱼虫，既神秘莫测，又与人类的生活息息相关。对于这类超出人类认知范围的事物，人类自动进行了神化，产生了万物皆有灵的想法，这些神灵一方面养育人类，为人类提供生存所需要的食物，另一方面又给人类的生存带来了威胁和挑战。人类对神灵的感觉很复杂，既有感激，又有畏惧。出于这种矛盾心理，人类只能对世间神灵顶礼膜拜。

进入文明时代后，人类基于神灵崇拜的心理，产生了一系列祭祀礼仪。古人认为，神灵掌握着人类命运，主宰着人世间的一切，如果人类对神灵持以恭敬虔诚的态度，献上美味的食物、珍贵的器物给神灵享用，那么神灵就会感知到人类的祈求，然后降福免灾，保佑国家兴旺，人民安康。

周王朝设立了大宗伯一职，专门掌管祭祀天神、人鬼和地祇之礼。古代祭祀的主要对象是天、地、人三界神灵，天界神灵包括天神、日神、月神、星神、雷神、雨神等；地界神灵主要有社神、山神、水神、石神、火神及动植物诸神；人界神灵种类繁多，主要有祖先神、圣贤神、行业神、起居器物神等。

祭祀神灵时，人类为了显示对神灵的敬畏与恭顺，要跪拜磕头，也要焚香烧纸，当然最实惠、最有诚意的祭祀方式还是献出祭品。人们既然对神灵有所诉求，就需要拿出自己最好的东西作为祭品进行交换，让神灵看到供奉之人的心意，神灵若是满意，自然会满足他的愿望。

【知识延伸】

祭祀献食的种类

民以食为天，食物是祭祀神灵仪式中最早也最常使用的供品。在众多敬献的食物中，最好的祭品当然非肉食莫属。古人将用于祭祀的牲畜称为"牺牲"，包括猪、马、牛、羊、鸡、犬等，后来人们又将其称为"六畜"。六畜之中，最常使用的祭品是猪、牛、羊。除了肉食，五谷、瓜果蔬菜、酒也是常用的献食祭品。随着佛教文化的盛行，"祭祀"中的水果种类更加丰富。

第四节　慎终追远的节日祭祀

【典籍溯源】

慎终追远，民德归厚矣！

——《论语·学而》

祭祖习俗的根本意义在于追思先贤祖辈，感怀祖先功绩，以先人为楷模。祭祀习俗弘扬孝道精神，对于增强全民族的凝聚力、向心力具有重要意义，在很长时期内极大地影响着中国社会的民俗。

【礼俗文化】

古人以孝祭祖，逢年过节也不忘祭拜先人。除夕、清明节、重阳节、中元节、寒衣节，是中国传统节日里祭祖的五大节日。中国地域辽阔，人口众多，各地风俗习惯不同，因此也形成了不同节俗的祭祖形式。

除夕祭祖是流传已久的汉族风俗。除夕是大年初一的前夜，也叫作大年三十。在辞旧迎新之际，人们总要举行祭祀仪式，对祖先传达孝心和怀念之情，感怀祖先恩德，祈求祖先保佑子孙后代。在除夕来临之前，家家户户都会忙着清扫屋子，准备迎接祖先回家过年。祭祖时，各家各户要将族谱、先祖遗像、排位摆放在供桌上，准备好香炉、供品等物，家族成员按照长幼尊卑顺序，依次对祖先上香行礼。汉族人祭祖时，祭品大多是用高碗盛的鱼肉，颇有钟鸣鼎食的意味。

不同地域的祭祖方式不同，有的地区有除夕上坟的习俗，也就是俗称的"送年食"。人们做好年夜饭后，下午要到祖坟叩拜，将年夜饭送到亲人坟前，寓意让去世的亲人在除夕夜与生者一同享用美食。

第二个祭祀的节日是清明节。清明节祭祖的形式是扫墓，在这一天，上至王公贵族、下至黎民百姓都会参加清明节祭祀活动，对已逝的祖宗先辈表示礼敬与思念之意。周代开始便有了清明节祭祖扫墓的习俗。唐代时朝廷还会特意给官员放假，方便其回家祭祖。宋代清明祭祖的习俗也十分流行，据《梦粱录》记载："官员士庶俱出郊省墓，以尽思时之敬。"除了扫墓，人们还会检查亲人坟墓是否有塌陷、长草、漏洞等问题，做一些除草、填土的工作。

第三个祭祀的节日是中元节。中元节是每年农历七月十五，所以也称为"七月半"。传说在中元节这一天，地府会大开门户，放阴魂回家与家人团聚，因此便有了七月半祭祖的习俗。到了中元节当天，人们会将先人牌位一个一个请到供桌上，在每一位先人牌位前焚香，晨、午、昏供三次茶饭，有时还会将粮食作物摆到供桌上，请先人品尝。

祭拜时，家族成员按照长幼顺序，分批上前向先人跪拜磕头，祈求先人赐福。祭祀礼毕，人们将牌位放回时，要进行烧"包衣"的活动，即给祖先烧一些纸钱、衣物等。

第四个祭祀的节日是重阳节。重阳节是每年农历九月初九，人们常在这一日进行祭祖活动或者敬老活动。人们带上供品、纸钱、香烛来到坟前，摆上供品，燃香烧纸，在坟墓周围修建排水沟，以防雨水来临导致坟墓塌陷。岭南地区的人们在重阳节这天，还会去妈祖庙、天后祖祠、宫庙等地进行祭祀活动。

第五个祭祀的节日是寒衣节。寒衣节是每年农历十月初一，又称为"十月朝"。此时，天气寒冷，人们不忘祭奠亡故之人，给他们"送"去御寒衣物，表示关怀。

祭奠祖先，缅怀先人，教人们知恩图报，报本反始。祭祖是中华民族优秀的风俗传统，在现代社会，人们仍会在这些日子举行隆重的祭祀活动。

【知识延伸】

满族的清明节习俗

清明节是中国传统祭祀节日，在我国各民族中，除了汉族，满族、壮族、鄂伦春族、瑶族、黎族、土家族、苗族等少数民族，也有过清明节的习俗。以满族为例，入关之前，满族人并没有清明祭祀的习俗。入关后，受到汉族文化的影响，满族人才有了过清明节的习俗。不同于汉族人的清明扫墓，满族人的清明祭祀不烧纸钱，也不摆供品，而是在亲人坟前插"佛朵"。"佛朵"是满语，即"柳"或"柳枝"的意思。柳树发育早，拥有强韧的生命力，因此成活率也高，满族人将柳树视为神树，在柳枝上糊上彩色布条插在坟头，表示家族兴旺发达之意。

第五节　古人祭祀城隍之礼

【典籍溯源】

> 宝玉下了马，贾母的轿刚至山门以内，见了本境城隍、土地
> 各位泥塑圣像，便命住轿。
>
> ——《红楼梦》

《红楼梦》是清代作家曹雪芹撰写的一部章回体长篇小说，又名《石头记》。该书以贾、王、史、薛四大家族的兴衰为历史背景，描写了多姿多彩的世俗人情，批判了腐朽落后的封建制度，是封建末世的一曲挽歌，揭示了封建社会必然走向灭亡的命运。

自魏晋南北朝以来，城隍信仰兴盛发展，城隍神成为保护一方百姓的神灵。各地人民为了祈求神灵庇佑，在全国各地广设庙宇，到城隍庙祭祀烧香、跪拜祷告，这种风俗一直延续到清代。清代城隍神信仰极盛，无论是朝廷官员，还是平民百姓，都常到当地的城隍庙上香祈拜。

【礼俗文化】

城隍，又称"城隍爷"，是中国古代人民信奉的守护城池的神祇。《说文解字》云："城，以盛民也。""隍，城池也。有水曰池，无水曰隍。""城"意为城墙、城郭，"隍"是没有水的护城壕。二者连用最早出现在班固的文章中，《两都赋·序》记载："京师修宫室，浚城隍。"

古代战乱频发，修建高大的城墙、城楼、城门、壕城、护城河是必不

可少的防护措施。城墙倾倒，是为祸乱之预兆，统治者应当息武止戈，不可穷兵黩武。

古人认为，万物皆有灵，神灵无处不在，并与人们的生活密切相关。随着民间信仰文化的发展，为了保护人民安全建造的城和隍就被人们神化为城市的保护神。

祭祀城隍神的习俗由来已久，最早可追溯至魏晋南北朝时期。《隋书·五行志》记载："梁武陵王纪祭城隍神，将烹牛，有赤蛇绕牛口。"根据这段历史记载可以知晓，南朝梁时就已经有了祭祀城隍的例规。

隋唐时期，祭祀城隍的习俗开始流行。"吴俗畏鬼，每州县必有城隍神"，各州郡陆陆续续设立了城隍祠，许多文人都会撰写文章，来记述当时城隍信仰的盛况。继张曲江撰《祭洪州城隍文》后，张九龄、许远、韩愈、杜牧、李商隐等人皆有撰祭城隍文，李阳冰、段金纬、吕述等皆撰有《城隍庙记》，"诗圣"杜甫写有关于城隍的诗，五代时期吴越王重修《城隍神碑记》。

城隍神本义是守护城池的神灵，但是在明清时期，除了保护神的身份，城隍也被当作冥界神职来祭祀。明代《太上老君说城隍感应消灾集福妙经》描述城隍职能为："代天理物，剪恶除凶，护国安邦，普降甘泽，判定生死，赐人福寿。"至此，城隍便成为庇护阴阳两界的神职，掌管所属辖区的福禄寿喜、善恶赏罚。《福惠全书》中写道："新县官莅境，于上任前一日，或前三日至城隍庙斋宿。"但凡人间有新官要上任，到任前就需到城隍庙斋宿，上任当天还需要在城隍面前完成祭礼，请求城隍爷协助管理地方工作。

明清时期是城隍信仰的黄金时代。明太祖朱元璋大封天下，都城隍，即省级的城隍，相当于朝廷正一品的官员，与太傅、太师、太保、左右丞相平级；府城隍为正二品；州城隍为正三品；县城隍为正四品。随着朱元璋的大肆分封，各府、州、县按照等级规定，纷纷修建城隍庙。庙内住持由朝廷亲自指派。清朝沿袭了明朝旧制，城隍信仰达到鼎盛。

各地的城隍由不同的人出任，大多是有功于民的贤臣和殉国的忠烈，人们希望这些人的英灵能够像生前一样继续庇佑一方百姓。浙江衢州的城隍爷是唐代杨炯，四川缙云县的城隍爷是唐代李阳冰，北京的城隍爷是南宋文天祥、明代杨椒山。城隍爷虽然是地方神明，但由于统治阶级的推崇，加之黎民百姓的崇敬，使之晋升为定国安邦、护国庇民、除暴安良的社稷正神。

时至今日，人们依然会祭拜城隍，此时的祭祀仪式已不再是一种宗教信仰，更像是一种传承，是对英雄的敬重和追念。

【知识延伸】

城隍显灵事件

《北齐书·慕容俨传》记载了最早关于称城隍爷显灵的故事：北齐文宣帝天保六年（555年），慕容俨奉命镇守郢城。刚一入城，慕容俨就被南梁大都督侯瑱、任约带领的步兵、水军等包围。慕容俨迅速组织军队防御，梁军久攻不下，便用荻洪截断水路。郢城地势平坦，水路又被阻绝，很快便成了一座孤城。形势危急，人心惶惶，慕容俨一边组织人防御，一边安抚人心。郢城中有一座城隍庙，官员、百姓常去祈福祭拜，慕容俨便顺应将士们的请求，带众人到城隍庙里祈祷，请求城隍爷显灵，护佑百姓和城池。不久，狂风大作，惊涛拍岸，荻洪被浪涛冲断。南梁将领再次封锁水路，慕容俨等人又进入城隍庙中祈祷，荻洪再次被冲断，郢城中人大喜，认为是城隍爷显灵了。于是北齐军民士气大振，慕容俨率军出城迎战，大败梁军。

第三章　古人的生产生活风俗

第一节　古代的农业生产风俗

【典籍溯源】

> 欲知岁所宜，以布囊盛粟等诸物种，平量之，埋阴地。冬至日窖埋，冬至后五十日，发取量之，息最多者，岁所宜也。
>
> ——氾胜之《氾胜之书》

《氾胜之书》是西汉农学家氾胜之编撰的一本农学著作，主要记述了当时黄河流域劳动人民的农业生产实践经验，包括耕作原则、作物栽培技术等内容，为研究中国古代农业技术、黄河流域生产概况提供了宝贵资料。

在古代中国，农业生产无疑是国民经济的命脉，历来被人们所重视。农民在漫长生产过程中，形成了一种占验安排农事的习俗。这种占验活动贯穿在一整年中，既有农民总结出来的经验，也有部分迷信色彩，反映出靠天吃饭的农民对粮食丰收的真切期盼。

【礼俗文化】

农业是古代中国的社会经济主体，在长期的农业生产生活中形成了许多民俗。农业方面的习俗是古代农民经过长期观察、实践总结得来的生产经验，涵盖了农业生产的整个过程，具有季节性、周期性的特点，时至今日，某些农业习俗依然是指导生产实践的必要手段。

农业耕作的节令时序对农业生产有重要的作用。不管是备耕、播种、防灾、田间管理、植树造林，还是收获、储藏，农民都要根据节气时序做出相应的调整。这部分耕作习惯通常以谚语的形式存在于农业文化中，例如"庄稼不等人""季节不饶人"等。

古代农民早早就意识到了农时对于农业生产活动的制约效果。殷商时期，农民能准确测定出春分、夏至、秋分、冬至四个节气，春秋时期发展到八个节气，秦汉时期确立了农历二十四节气。

在中国古代，每逢重要的节令时序，统治者便会推出相关的农业措施，督促农民完成农业生产。周代制定了天子籍田制度。《国语·周语上》记载说："及籍，后稷监之，膳夫、农正陈籍礼，太史赞王，王敬从之。王耕一坺，班三之，庶民终于千亩。"每年春耕前，天子、诸侯、百官都要参加"籍田礼"，手执耒耜到籍田中耕种，为百姓们做榜样，达到劝课农桑的目的。

除了按照农时安排生产活动，古人还形成了占天象、测农事的习俗。人们对自然崇拜、阴阳五行之说深信不疑，由此产生了一系列占验活动。例如，正月时农民会预测未来一年的天气，"立春晴一日，农夫不费事"；陕西省西乡县有冬至日到巴山看雪的习俗，占卜来年丰歉。我国南方也流传着"秤水""验水表""看参星"等习俗，这些习俗虽然带有强烈的迷信色彩，但也具有一定的科学性，农业生产必须要根据天气的旱涝晴雨来进行。

古人十分迷信自然崇拜和神灵信仰，因此靠天吃饭的农民普遍认为农业的丰歉与超自然力有关，常常寄希望于上天，祈求神灵能够庇佑粮食丰收。农民常拜的超自然神灵有农业始祖神、土地神、水神和虫神等，并由此产生了各种禳灾风俗，比如正月十九盼丰收的填仓节，棉农在元宵节看灯芯，等等。这些活动，反映出古人对于粮食丰收的向往与期待。

古代农民科学知识匮乏，不能正确认识自然界的规律，因此也总结了许多没有科学道理的禁忌。例如，正月初十忌风，正月初一不能睡觉，立秋禁止在田间行走，收获季禁止夫妻同房，打谷场上忌遗落稻谷，等等。

农业生产的民俗是古代农民在长期的农事劳作中总结出来的心得体会，带有鲜明的地域性、季节性和功能性的特点，在科学水平高度发展的今天，古时流传下来的部分习俗依旧作用于现代农业生产活动。

【知识延伸】

端午节下雨的说法

"端午晴遇丰年，端午雨泪涟涟"。古人认为，端午节下雨绝非好事。端午时节，天气炎热，如果碰上雨水天气，那么接下来的一段时间内都会出现降雨，导致"雨生虫"的现象发生。"雨生虫"，即长时间降雨导致湿气重，虫害滋生，妨碍庄稼生长，影响秋季收成。民间也有"端午下雨淋麦子，饿死老婆和孩子"的俗语，因此农民是很不希望端午下雨的。

第二节　古代的商贸经营风俗

【典籍溯源】

> 南方曰市，北方曰集，蜀中曰痎，粤中曰墟，滇中曰街子，黔中曰场。
>
> ——陆以湉《冷庐杂识》

《冷庐杂识》是清代陆以湉根据自己的所见所闻编撰的一部笔记，共八卷，主要记载了清代及以前文人学者的学术、言行、交游等，还记录了作者对医药、地理、金石书画、文史著作等的研究和考证成果。

明清时期，市集和市镇贸易兴起。各个地区对于商品交易场所的称呼不同，南方多称为"墟市"，北方则叫作"集市"，但性质都是一样的，都是因农村贸易需求而产生的地方小市场。

【礼俗文化】

中国古代商贸经营历史悠久，在长期的商业贸易活动中，形成了具有强烈民族和文化特色的商贸习俗。

古代从事商贸活动的人分为两类：一类叫作"商"，所谓"通物曰商"，行商之人居无定所，长期开展贩运贸易，是由卖家向买家主动汇合的商业阶层，类似于现代社会的小摊贩；另一类叫作"贾"，所谓"居卖物曰贾"，坐贾之人是指有固定经营地点的人，就地取利，是由买家向卖家主动汇合的商业阶层，比如在市场上开一个有门面的店铺。

　　不管是行商还是坐贾，卖出去东西才能获得利润，因此常常要借助一定的商业宣传手段来介绍自己的商品，吸引顾客的注意。最传统的商业宣传方式有市声、幌子、字号、广告等。

　　市声又叫作"货声""报君知"，是行商宣传商品、招揽顾客的传统方式，利用朗朗上口的语句和悠扬的腔调大声吆喝，一般分为两种：一种是"叫卖声"；另一种是"唤头"。流动商贩来往于市井之间，会大声吆喝自己卖的商品，叫卖声洪亮高昂，极具韵律感，比如妇孺皆知的"磨剪子嘞，抢菜刀"。唤头是代叫声，是用各种声响代替商贩吆喝的标识声。如：民间算卦的人通常会手持竹板，以竹板敲击声招揽顾客；卖杂货的货郎通常会摇拨浪鼓。

　　幌子是商人招揽生意的方式。商家为招揽顾客采用商幌作为店铺标识，类似于现代店铺用的招牌，大致可分为实物幌、模型幌、文字幌、象征幌、灯具幌、实物附属品幌等。比如酒铺会挂酒旗或者摆放酒坛，弹棉花的会挂棉絮，等等。

　　字号是店铺的文字名称。店铺常用泰、昌、祥、瑞、盛等具有上升、兴旺意义的字起名，寓意财源滚滚，生意兴隆。瑞蚨祥、日升昌、盛锡福、谦祥益都是人们熟知的老字号。

　　商品交换活动需要在一定的场所进行。唐代时，坊与市是分开的，坊用来居住，市用来进行商业买卖，市里商贩云集，各种摊上的货品五花八门，但是朝廷规定商业买卖只限于白天进行，晚上实行宵禁。宋代打破了传统的坊市制度，街道上随处都可以开设店铺，而且取消了宵禁制度，不论白天黑夜，集市上都是一片繁荣景象。

　　在商业贸易中，为了销售更多的产品，获取更多的利润，商家想出了许多促销方案，如赊账、撒暂、送力等。农村、县城的店铺遇到常客时，经常会实行赊账的方式，等到年终双方再结账；撒暂是小商贩惯用的兜售方法，小贩们在酒楼、茶馆逐一给顾客散发一些零食，然后再收钱；送力是免费送货上门的服务。

行商一般采用当面讨价还价的方式，"譬如有人买绢一匹，索价三贯文，买者酬二贯五六百文，又添一二百文，遂交易，如此谓之买卖"，这种讨价还价的商业风俗在现代社会中也是极为常见的。

除了买卖双方直接进行交易，还有一种纯媒介的商俗形式，相当于现代社会的中间商。交易过程中，买卖双方不直接谈价，而是与中间商议价，能力突出、经验丰富的中间商对卖方所售的商品做出评估，促使买卖双方的交易达成一个比较合理的价格。

不管是坐贾还是行商，经营目的就是为了营利，所以商业祭祀对象多是财神爷、各个行业的祖师爷。许多店家都会在店铺里摆放财神爷，寓意财源广进。

在现代商家的经营过程中也可以看到古代商业风俗的影子，而且古代商业经营的很多手段方式一直沿用至今，成为我们现代生活中的一部分。

【知识延伸】
古代广告名人

古代也有名人效应，不少店铺邀请名人雅士为自家的商品题诗作词，并以此作为宣传手段，招揽顾客。"诗仙"李白就曾在《客中行》中称赞兰陵美酒，本就小有名气的兰陵酒一时声名鹊起。苏东坡更是宋代的代言狂人，不仅为自己的东坡肉打响了名头，还为数十种商品写过诗作，算是现代商业软文的前身。他曾为海南儋县（今儋州市）一位卖环饼的老妇打广告，赋诗："纤手搓来玉数寻，碧油轻蘸嫩黄深。夜来春睡浓于酒，压褊佳人缠臂金。"原本深藏小巷、生意惨淡的店铺名声大噪，可见这位"广告大王"的宣传功力之深厚。

第三节 古代的畜牧与渔猎风俗

【典籍溯源】

> 焚林而田，竭泽而渔。
>
> ——《淮南子·本经训》

《淮南子》是西汉皇族刘安及其门客编撰的一部哲学著作，全书吸收了先秦时的道家思想，并融入了阴阳家、墨家、法家、儒家思想，涉及哲学、史学、文学等多个思想文化领域，具有重要的史料价值和学术价值。

远古时期，人类常利用天然资源进行渔猎。人们用火焚烧林木，并埋伏在火圈以外，伺机抓捕逃脱的野兽，等到烈火平息后，再走进火圈内，将烧死的野兽扛出来，送回居住地，这便是人类最初的捕猎风俗。

【礼俗文化】

在中国远古时期，农业尚未产生的阶段，原始先民们用简单粗糙的石器狩猎、捕鱼，满足基本的生存需求。随着社会的进步，农业生产的发展，人们逐渐脱离了茹毛饮血的原始生活，开始饲养家畜。考古学家在大汶口文化中发现了猪、狗、牛、羊、鸡的骨骼，而在龙山文化和齐家文化中还发现了马和驴的骨骼，这体现了原始时期人们对不同动物的驯养。畜牧养殖方面主要经历了驯养野兽、饲养家畜、人工选择三个阶段，但由于养殖水平不高，牲畜寿命极为短暂。

农业和畜牧业的产生，是社会文明进化的表现，对社会经济产生了巨大影响。秦汉时期，中原地区以农业为主业，畜牧业为副业；草原地区则以畜牧业为主业，长期过着游牧生活的匈奴、鲜卑等少数民族，饲养了大量马、牛、羊、骆驼、驴等大型牲畜。此时少数民族的畜牧业发展仍不稳定，牲畜虽多，但抵御自然灾害的能力比较低，以致游牧人民常常陷于饥寒交迫的境地。

魏晋南北朝时期，社会动荡不安，战乱频仍，百姓流离失所。为躲避战争，各少数民族纷纷内迁移居中原。受游牧民族的影响，中原地区的畜牧业得到了快速发展。隋唐时期，社会经济高度发展，牧马业在畜牧业中占有相当大的比重。到了宋代，牛、羊成为人们最重视的家畜。人们认为，牛是农家之宝，少了它农民的衣食都会受到影响，因此十分关注牛的饲养。宋代养羊业非常发达，北方地区几乎每家每户都在养羊，朝廷也相当重视养羊业的发展，为此专门设立了牛羊司。明清时期，畜牧业依然作为农业的副业而发展。江南一带形成了农畜结合的特色生产结构，利用饲养的鸡、鸭、鹅、猪、牛、羊等动物的粪便浇灌田园，再以桑叶、粮食投喂家畜。

渔业也是古代社会经济的重要来源。中国幅员辽阔，不仅拥有广袤无垠的土地，还有绵延万里的海岸、纵横交错的江河。俗话说"靠山吃山，靠水吃水"，受自然条件限制，生长在沿海、河、湖地区的居民，主要以捕鱼作为经济生活的来源。渔民要根据时令、季节进行相应的捕捞活动，既要保证捕鱼量，又不妨碍鱼的生长。渔民在生活中也有许多禁忌，比如在船里不能俯睡，避讳"翻船"；也不能在船头小解，因为船头是神明的落脚点，这样做会亵渎神灵。

狩猎也是从原始社会发展而来的一种经济活动。古代猎户通常依靠弹弓、弓箭、陷阱进行捕猎。弹弓造价低廉，杀伤力较弱，不易损伤动物皮毛，是猎捕小型动物、珍稀动物的绝佳选择；弓箭是猎杀大型猎物的主要工具，杀伤力比弹弓要强大许多，猎户为了双保险，还会在箭头上涂抹毒药，以求一击毙命；陷阱也是古代猎户常用的围猎手段，主要有陷坑陷阱、套索陷阱和捕网陷阱三种，猎户按照猎物的体形、攻击能力选择适当的陷阱布置。

畜牧业、渔业和狩猎业，作为中国古代社会重要的生产活动，为古人的生活品质提供了经济基础和物质保障，为社会的繁荣兴盛、延续发展，提供了有利条件。

【知识延伸】
陷阱围猎中难以避免的问题

在中国古代，猎户是个门槛很高的行业，它需要一定的技术支持和丰富的捕猎经验。比如说布置陷阱，猎户要根据动物的足迹，将陷阱布置在动物的必经之处，才能发挥好陷阱的作用，避免空捕或误捕。误捕是一个相当严重的问题，围捕大型动物的陷坑陷阱，很有可能困住一些登山者或猎人，甚至导致其死亡。猎捕中型动物的套索陷阱也极有可能困住一些大型动物，这对于没有防备的猎人来说是非常危险的事情。

第四节　三百六十行，行行有风俗

【典籍溯源】

　　三十六行者，种种职业也。就其分工而约计之，曰三十六

行；倍之，则为七十二行；十之，则为三百六十行。

　　　　　　　　　　　　　　　　　——《清稗类钞·农商类》

　　《清稗类钞》是清末民初徐珂编著的一部笔记集，记录了上至顺治、康熙，下至光绪、宣统的史实。全书共分为时令、地理、外交、风俗、文学、工艺等九十二类，题材庞博广泛，包括典章制度、风土人情、名胜古迹、思想文化、社会经济、名臣硕儒等内容，对于研究清代文史具有重要的参考价值。

　　人们常说"三百六十行，行行出状元"，其实这只是个约数。随着社会的快速发展，职业更新交替的周期越来越快，社会分工趋于精细化、专业化。由于有相似或者相同的经营方式、操作规范、社会文化背景等，行业之间就形成了一些特定的风俗。这些风俗生动形象地体现出当时的行业生活。

【礼俗文化】

　　中国自古以来就有"三百六十行"的说法，这三百六十行是对市井行当的一种俗称，而不是指有三百六十种职业。在中国几千年的历史中，产生了许多行当，涉及衣、食、住、行、工、农、育、乐、卫等各个生活领

域。随着时代发展、历史变迁，社会分工越来越细致，行业技能越来越专业，早已超过了三百六十个行当。在长期的生产经营活动中，各行各业都形成了相应的行为规范，这些不成文的行业风俗，重现了当时意趣盎然的市井生活，将世情百态诠释得淋漓尽致。

再来说一下行业的禁忌。为了规避风险，使生意顺利进行，人们也总结出一套关于行业的禁忌。比如木匠不能用柳树、榆树、花椒树等木料来打造家具：柳树不结籽，会妨碍家族子嗣的传承；榆树的"榆"与"愚"同音，古人认为用榆树造家具会影响子孙智力发育；花椒树果实成熟之后，果皮会自裂，种子落地，古人认为这是不吉利的，有碍子嗣发展。再比如古代造船业有"头不顶桑，脚不踩槐"的说法："桑"音同"丧"，头上有丧气视为不吉，因此不能用桑木做舱顶的材料；"槐"象征着福祉，把槐木踩在脚下不吉利，因此不能用槐木来做船板。还有，木匠给人做棺材的时候，干完活儿后一定要亲自收拾干净，不能给东家留下刨花、木屑，否则就会被认为是诅咒主家再死人，犯了大忌讳。

人们为了谋求生计，所从事的职业可谓千奇百怪，种类繁杂，但每种行业的存在必然有其价值。为了求得更好的发展，使自己的生意更上一层楼，各行各业都有独特的行规风俗。以上这些习俗无一不显示着古人趋吉避凶的心理特点。这些风俗传承多年，时至今日，仍为人们所讲究、遵从。

【知识延伸】

木匠行业的其他忌讳

木匠是中国传统行业，这个行业中有许多禁忌不能触碰，否则会遇到不可预料的麻烦。木匠忌讳他人摸自己的工具。俗话说"木匠的斧子，大姑娘的腰，独行人的行李包"，这三样东西别人是不能摸的。不只是斧子，就连墨斗、曲尺也是不能碰的，如果有人摸了，工具上就带了晦气，木匠就做不好活计。工具被人摸过后，木匠要进行"焚净"，即用火点燃符咒围着工具绕一圈，祛除上面的晦气。

第四章　古人的交际娱乐风俗

第一节　古人的家族宗法制度

【典籍溯源】

> 父之党为宗族，母与妻之党为兄弟……妇之党为婚兄弟，婿之党为姻兄弟。

——《尔雅·释亲》

在中国古代社会中，宗族制度是维系社会秩序、国家安定的政治制度。什么是宗族呢？《尔雅·释亲》将宗族定义为"父之党为宗族"，即宗族是以父系血缘为基础的群体。宗族制度实际上是原始父系氏族的"余意"，在宗族内部以嫡庶系统区分长幼尊卑，明确不同地位的宗族成员各自的权利和义务，巩固父系家长在宗族内的崇高地位。以本族始祖的嫡长子一脉的嫡系世袭，是宗法制度的最大特点。

【礼俗文化】

家族宗法制度是维护封建贵族统治的政治制度，它是由原始父系氏族社会的家长制演变和扩大而形成的。在父系社会中，男性家长拥有绝对的领导权，决定着私有财产和权力的继承。由于生前权威深重，男性家长死后依然令子孙感到敬畏，期盼祖先的亡灵依旧能够庇护后代，因此产生了祖先崇拜和形形色色的祭祖仪式。凡此种种，都为家族宗法制度提供了合适的生长环境。

人类进入文明社会以后，以父系血缘关系缔结家族，而若干个出自同一男性祖先的家族又组成宗族。宗族成员有共同的男性祖先、共同的家族宗庙、共同的埋葬墓地、共同的宗族姓氏、共同的宗族财产，还有互相保护的责任。宗族是由若干个小家族组成的大家族，二者关系密不可分，有时甚至合而为一。

宗族祭祀是维系血脉亲情的重要礼仪，由宗族内部地位最高的成员主祭，按照辈分尊卑的顺序，将宗族始祖的牌位摆在正中央，其后的各位祖先牌位按照左昭右穆的次序排列，以彰显尊卑有别、亲疏有分。

除了祭祀礼制，丧服制度也是强烈体现宗法思想的礼制。丧服制度是居丧守孝期间必须遵守的礼仪制度，按照服丧程度分为斩衰、齐衰、大功、小功、缌麻等。服丧程度主要由与死者血缘关系的亲疏远近决定，关系越近，要执行的丧服制度也就越重，居丧守孝的期限也就越长。

宗法制度的起源可追溯至先秦时期，自夏朝开始确立，经过商代的扩大和发展，在周代趋于完备。按照家族宗法制度的规定，周天子的王位由宗族始祖的嫡长子一脉世代传承。从宗族意义上讲，周天子是宗族内部身份最高的成员，也就是宗族的族长；从政治意义上讲，周天子为天下共主，掌握着最大的政治权力，因此是普天之下身份最尊贵的宗族族长。

嫡长子继承天子君位，称为"大宗"；其余王室诸子封为诸侯，称为"小宗"。各诸侯对于周天子来说是小宗，在本诸侯国则是大宗，掌握着诸侯国内最高的政治权力，因此是诸侯国内等级最高的宗族族长。各诸侯国的王位也由嫡长子一脉继承，其余儿子奉为卿大夫，官位世代相袭，掌管着自己封邑的统治权力，对诸侯为小宗，对本家为大宗。在等级分明的宗族中，世代相袭的嫡长子，称为"宗子"或"宗主"，拥有本族族长身份，掌管本族的大小事宜。

这种宗法制度在几千年以来始终维护着统治阶级的利益，与政权、礼教制度交合融汇，对现代社会依然有着深刻影响。

【知识延伸】

宗祠的作用

每个宗族都有自己的宗祠，宗祠是供奉各位先祖，进行祭拜活动的场所。除了祭祀，祠堂也是处理族中公务、施行家族宗法的场所。比如族亲之间发生了冲突或争执，要到祠堂中进行决断；族人出现重大过失时，要被带到祠堂中受族规家法的惩罚；处罚奴婢、佃户时也常到祠堂中裁决。祠堂实际上就是宗族内部的隐形公堂。

祠堂也具有教化功能。宗族会在祠堂内设置家学，并挑选品学兼优之人担任塾师，负责本族子弟的教育工作。家学仅对宗族内部人员开放，且办学经费由族产收入开支，因此又叫作"义学"。

第二节　古人的尊师之礼

【典籍溯源】

> 国将兴，必贵师而重傅，贵师而重傅，则法度存。
>
> ——《荀子·大略》

我国自古注重尊师重教的礼仪，在中国五千年的文明历史中，流传着许多尊师的故事，如程门立雪、岳飞为老师披麻戴孝等。只有懂得尊师，形成尊师重教的社会风气，一个人、一个民族乃至一个国家才能获得长足发展。

【礼俗文化】

尊师重教是中国自古就有的传统美德。教师是一份既神圣又备受尊敬的职业，"师者，所以传道受业解惑也"，对于重视礼教的古人而言，自有一套尊师之礼。

中国尊师重教的传统由来已久，早在周代就有规定，儿童无论是入私塾还是进学府都要行拜师礼。《礼记》记载，新生入学时，都要采摘野菜献祭先圣先师，这种行为叫作"释菜"。关于释菜之礼，还流传着这样一个故事：孔子周游列国之时，被困于陈蔡之地，处境凄惨，七日未曾进食，但依然弦歌鼓琴。学生们都不以为然，悄悄在背后发牢骚。只有颜回照样认真听课，每天外出采摘新鲜的野菜，放到老师门前，以示对老师的敬重。这就是释菜之礼的由来。

　　古代盛行释菜之礼，《礼记·月令》："上丁，命乐正习舞，释菜。天子乃帅三公、九卿、诸侯、大夫亲往视之。"郑玄注："将舞，必释菜于先师以礼之。"举行释菜之礼时，天子、公卿、诸侯、大臣都要前往观礼，可见古人对释菜仪式的重视。自秦代以后，历代王朝都会举行官办释菜，以豪华隆重的释菜仪式祭拜孔子等至圣先贤，文武百官都要相随。

　　尊师重教是中华民族的传统美德，因此释菜之礼经久不衰，广泛流传于中华大地。每逢新学年开始时，学生都要采摘水生野菜，祭祀孔子，礼物单薄，但蕴藏的心意却是珍贵的。近代以来，释菜之礼渐呈衰势，但在一些农村地区依然保留着置果蔬于老师门外的风俗。

　　为弘扬尊师重教的品德，古人还将孔子诞辰日定为"教师节"。汉代时，每到孔子诞辰，皇帝就会率领文武百官祭拜孔子，宴请国子学、太学的经师。唐、宋继承了祭祀孔子的风俗，朝廷还会从各地区的学府中选拔优秀教师加以奖赏，激励他们继续努力。清代时，到了孔子诞辰日，朝廷还会给各个学校的教师加薪，成绩突出者还会升职。不止如此，还规定北京民间在这天不许宰杀牲畜。

　　古代社会还有一系列的尊师仪式或规矩。《论语·述而》记载："子曰：'自行束脩以上，吾未尝无诲焉。'""束脩"指腊肉。只要送孔子十条干肉，就能成为他的弟子。在古代社会，肉是很奢侈的食物，平民百姓很少有机会吃到肉，所以送束脩给老师，体现了古人对老师的敬重。

　　随着时代的发展，送束脩的礼俗广为流传，到了唐代，出现了以酒肉、丝绸代替腊肉的现象。虽然改变了见面礼的形式，但束脩的叫法却保留了下来。民国时期，重教之风再次兴起，教师是人人敬重又倍加优待的职业，薪水待遇都比较高，束脩礼也逐渐被工资、薪水、酬劳等替代。

　　到了现代社会，每当教师节来临之际，学生们都会通过发短信、打电话、发微信、送鲜花、送贺卡、表演节目等形式，表达对老师的敬意，为老师献上最真挚的祝福。各大学校还会举办教师节欢庆晚会，向认真工作的老师们致敬。

【知识延伸】

程门立雪的故事

　　程门立雪是典型的尊师事例。有一天，北宋理学家杨时和同学游酢，对于某个问题的看法产生了分歧，便一同前往程颐家中虚心求教。当时下着鹅毛大雪，而程颐正在午睡中，为了不打扰老师休息，二人便恭敬地站在门外等候。过了许久，程颐才从睡梦中醒来，此时门外的积雪已有一尺厚，他从窗口瞥见了两个通身披雪的人，赶紧招呼他们俩进门。后来，这件事成为家喻户晓的美谈，人们用"程门立雪"比喻尊敬师长、虔诚求学。

第三节 "百戏艺术"大流行

【典籍溯源】

> 有东海人黄公，少时为术，能制蛇御虎，佩赤金刀，以绛缯
> 束发，立兴云雾，坐成山河。及衰老，气力羸惫，饮酒过度，不
> 能复行其术。秦末有白虎见于东海，黄公乃以赤刀往厌之。术既
> 不行，遂为虎所杀。

—— 《西京杂记》

《西京杂记》是汉代经学家刘歆编撰、东晋葛洪辑抄的一部历史笔记小说集，题名"西京"指的是西汉时期的首都长安，以记录长安生活逸事为主。该书记载了逸闻逸事、风土人情、历史评述、天文地理等，繁杂丰富，包罗万象。书中收录了许多为后人津津乐道的有趣故事，如传为佳话的"昭君出塞"，缠绵悱恻的"文君夜奔"，还有"凿壁借光"的历史典故，等等。

汉代百戏融汇了歌舞、音乐、戏曲、杂技、武术等艺术种类，以奇幻、诙谐、刺激的艺术表演达到博人眼球、娱乐观众的目的。《西京杂记》中记载的《东海黄公》是中国最早的百戏剧目。

【礼俗文化】

百戏，起源于秦汉时期，《汉文帝纂要》中有记载："百戏起于秦汉曼衍之戏，技后乃有高组、吞刀、履火、寻橦等也。"

161

汉武帝以前，音乐、舞蹈、百戏属于独立的艺术表演形式，百戏伴随着音乐进行表演，场面较为平淡。到了汉武帝时期，百戏通常配合音乐、歌舞来进行演出，成为一项集武术、歌舞、戏曲、杂技等于一体的大型综合性竞技娱乐活动。《汉书·武帝纪》中有提到百戏演出时的盛大景象："三百里内皆（来）观。"由此可见，百戏的表演深受广大群众的喜爱。

百戏的表演形式可以分为杂技、幻术、角抵、俳优与谐戏等。

汉代常见的杂技项目有飞丸、案上倒立、扛鼎等。飞丸是汉代流行的一种手上抛接道具的杂技表演，在汉代文化交流的大趋势下，也随之流传到了西方。《后汉书·西域传》云："大秦国俗多奇幻，口中出火，自缚自解，跳十二丸，巧妙非常。"案上倒立来源于古时的波斯，表演者多为女子。表演者身姿优美，灵动活泼，演出用到的食案一般也都矮小轻便。扛鼎的表演者多为强壮的男子，著名的作品有《乌获扛鼎》。

在汉代，幻术是百戏的重要组成部分。汉代南北文化交流十分频繁，各个民族地区的思想在这一时代得以广泛传播。其中，神仙思想受到了统治者的大力推崇，神仙方士一时之间甚为流行，为幻术的兴盛起到了直接的推动作用。

当时最著名的节目有《鱼龙曼衍》，这是中国最早的大型幻术节目，后来也被引用为成语，意思为虚假多变，玩弄权术。

角抵是百戏的前身，它起源于战国时期，汉代时人们进行了大胆的创新与变革，在原来的竞技基础上，加入了歌舞、杂技等元素，有了更大规模的发展。到了汉武帝时期，更是被当作国家性娱乐节目登上舞台，举办了多次规模宏大的演出，深受百姓和官吏的喜爱。

为了推动百戏的发展，朝廷还设立了俳优，试图培养更多优秀的艺人进行演出。从出土的文物壁画可以看出，俳优有的身材短小，有的丑陋滑稽，表演多以讽刺、幽默的自娱来进行娱人节目。这些俳优专为王室贵族进行表演，但社会地位低下，与乐舞奴隶并无区别，是处于封建社会最底层的人员。

　　汉代的文化大融合为百戏的发展提供了良好的创作环境，吞刀吐火、水人弄蛇等节目，就是中外文化碰撞交融下的产物。艺术文化的大繁荣为百戏的发展提供了丰富的表演素材，使得百戏节目层出不穷，琳琅满目。

【知识延伸】

流传至今的百戏项目

　　百戏是多种娱乐项目的综合体，包括杂耍、幻术、武打、假面舞等种类。时至今日，杂技表演依然十分常见，如寻橦、跳丸、走索、冲狭等；幻术表演艺人比较少见，表演项目主要有吞刀、吐火、易牛马头等；武打传承至今，一方面演变为专门的武术表演，另一方面则成为戏曲的表演元素；假面舞类似于蒙面唱将，主要依靠假面、假形等道具营造舞台效果。

第四节　投壶，既是游戏，又是礼仪

【典籍溯源】

投壶者，主人与客燕饮讲论才艺之礼也。

——《礼记·投壶》

投壶起源于"六礼"中的射礼，虽然只是一项投掷项目，但背后却隐含着古人尚礼的精神。整个投壶程序相当讲究，参与者有主人、宾客、裁判、乐师等，还要准备酒壶、矢、筹、酒杯等物，投壶的核心在于投箭入壶，但不是想怎么投就怎么投，必须要有仪式感。由乐师奏乐，在裁判的指引下，主人和客人依次投壶，整个过程都有固定的说辞和走位，还要注意音乐、节奏的配合，场面激烈又井然有序。

【礼俗文化】

投壶是古人在宴饮时常玩的一项助兴节目，众人轮流把箭杆投进酒壶中，谁投中的多就是胜者，可以让输的一方喝酒。欧阳修在《醉翁亭记》中记载了这一游戏场景："宴酣之乐，非丝非竹，射者中，弈者胜，觥筹交错，起坐而喧哗者，众宾欢也。"众人推杯换盏，觥筹交错之间，投壶游戏这类博弈项目，正好可为宴饮气氛助兴。

投壶不仅是宴饮场合上的游艺项目，它还是一种礼仪。《礼记》记载，投壶是由"六艺"中的射礼演变而来的。先秦时期，射礼是宴请宾客的礼节之一，然而射箭需要有足够的场地才能进行，而且宾客中也有许多不擅长射箭的客人，出于场地、个人等因素的限制，便由投壶代替射礼，既能模仿射箭礼，又更加简单易行。久而久之，这种权宜之计逐渐成了宴饮上的助兴游戏。

投壶游戏的流程与射礼相仿，先请主人和宾客各就其位，开始后，主宾"三请三让"，互相行过礼后，在"司射"（裁判）的引导下，主宾依次投壶，每四矢为一局。在整个游戏过程中，参与者在乐师的奏乐声中激情对决，旁边还有年幼的弟子观礼。所以说投壶不仅体现了中华礼仪之道，也起到了教育传承的作用。这种讲究礼仪、传递文化的游戏深受上流社会喜爱，即使在两国大宴上，也会举行投壶游戏。《左传·昭公十二年》中记载："晋侯以齐侯宴，中行穆子相，投壶。"

投壶游戏起先是宫廷贵族专属的游戏。到了秦汉时期，这种从容有度、有礼有节的游戏成为士大夫、文人常玩的高雅项目。《东观汉记》记载："取士皆用儒术，对酒设乐，必雅歌投壶。"此时的投壶游戏仍然偏向礼仪性，游戏娱乐的成分较少。

汉代以后，人们对投壶的花样、规则、器物形制等方面进行改革，投壶的娱乐性和竞技性得到了进一步的提高。魏晋时期将木矢改为竹矢，增加了投壶箭杆的弹力，并且不再限制投壶次数，有的甚至可以连投上百次，规矩古板的成分减少了许多。

投壶游戏在唐代进入了新的发展阶段，投壶玩法越来越高超，有正面投、背对投、闭眼投、投壶乐舞等，甚至还出现了专门记录投壶玩法的书籍。此时的投壶游戏不再局限于宫廷，而是淡化了礼仪属性，飞入寻常百姓家中，不论男女老少，都可参与投壶游戏。

唐代以后，投壶游戏依然流行，技艺、壶体、花样都有所创新，游戏难度也在不断增加，投壶游戏的竞技娱乐成分增多。

到了清末，随着西方近代体育的传入，传统的投壶游戏逐渐衰落，消失在人们的生活中。

从投壶游戏的发展历程中，可以看到投壶的花样、器物、规则、技巧发生了一系列的变化，完成了从礼仪性到娱乐化的趋势转变。唐代以后，投壶逐渐走下神坛，成为一项既能锻炼身体，又能愉悦身心的国民运动。这也从侧面反映出时代思想的发展和大众审美趣味的改变。

【知识延伸】

《投壶新格》

宋代理学思想兴盛，投壶游戏的娱乐化趋势令儒家学者颇为不满，他们认为投壶源于古制，应延续投壶的礼仪性。为此，北宋司马光编著了《投壶新格》，在书中重新定义了投壶的古礼。他从礼和正心的角度，强调了投壶的礼仪性和教化功能，并根据时下流行的投壶花样，对投壶的方式、积分规则等做出了相应的调整。第一箭命中叫作"有初"，第二箭也命中叫作"连中"。第一箭不中、第二箭开始投中的叫作"散箭"，全部命中的叫作"全壶"，箭矢投入壶中后反弹回来再投中的叫作"骁箭"。

第五节 射箭运动，由礼射到骑射

【典籍溯源】

君子无所争，必也射乎！

——《论语·八佾》

射箭是古代社会一项重要的体育竞技项目，也是一种注重德行、张弛有度的礼仪活动。在射箭过程中能够看出一个人的品德好坏，因此在激烈对决中也应该保持雍容大度、谦逊有礼的君子风度，而不能逞勇好胜，失去君子本色。

【礼俗文化】

商周时期，射箭被纳入体育运动的范畴，开展了一系列的射箭活动，并且形成了制度化的礼射，包括大射、宾射、燕射、乡射等射箭活动。西周时期，射礼被列为"六艺"之一，成为君子教育的重点考核内容。

贵族男子自小就要接受严格的射箭训练，射箭不仅是一项强健体魄的体育项目，也是培养品德、修身养性的礼仪活动。礼射注重从容、谦和，张弛有度的态度，以德习射，射手在德的指导下，完成身、心、弓箭的严谨配合。礼射是古人用来立德正己的教化工具，通过射箭提升自我，达到内修品格的目的。

礼射活动不仅有体育竞技、教化人民的功能，也是国家选拔人才的核心考量标准。在统治者看来，能够辅佐他的贤臣应当能文能武，文有德行，武有才艺，因此射礼制度成为统治阶级选拔人才的重要依据。

通过射礼制度的层层选拔，筛选出有品德、懂礼仪的贤能之士，由民众向上推荐，经过天子的多次考验后，任职为官。

周朝射礼制度在一定程度上促进了国家的稳定发展，同时也影响到后世的发展导向，为后世的人才选拔提供了宝贵的经验，科举武试中的射箭项目便是受其影响，被保留至今。

射箭不仅是一项重要的体育竞技，也是军队生活中必不可少的作战技能。在文明、经济、政治、艺术等方面，中原王朝一直处于中华民族中的领先地位。中原王朝生活地区水土肥沃，农耕发达，粮食充足，人口密集。而北方游牧民族则生活在资源匮乏、环境恶劣的草原地区，经常处于饥寒交迫的境地，由此也形成了他们独一无二的生活模式，即逐水草而居，擅长马上作战。

为了生存，游牧民族常常进犯中原地区，抢夺粮食和其他资源。面对骑兵力量雄厚的北方军队，中原王朝因骑兵部队匮乏，在作战过程中常常处于下风，被精于骑射的少数民族军队射杀得损失惨重。

为了增强骑兵军事实力，中原王朝不得不学习胡人的作战方式。春秋战国时期，赵武灵王发起了"胡服骑射"，积极学习胡人骑射。汉代时，为了抵抗屡屡进犯的匈奴，引进了大量马匹，马匹的数量和质量得到了显著提升。此后历代中原王朝皆看重马匹的饲养和骑兵部队的训练。

随着中原锻造技术的发展，马铠、骑兵铠等装备广泛应用于骑兵部队，使得骑兵即使面对箭雨也能够发起冲锋，因此骑兵开始成为战场上的大杀器。

元朝和清朝的统治阶级都是善于骑射的少数民族。蒙古军队是北方游牧民族的杰出代表，不仅具有强大的作战素质，还善于利用骑射技术和机动能力，实行远近配合、轻重骑兵交叉作战的战斗模式。满族同样以马上功夫著称，皇太极曾说："我国武功，首重骑射。"清代统治者非常重视骑射技术，对于军队骑射技能的训练从未松懈过。骁勇善战的清朝军队收复了新疆、西藏等地，实现了大一统的目标。

　　射箭活动在变迁过程中完成了从礼射到骑射的演变。从其发展历程中可以看出，战争和狩猎始终是射箭活动的主要功能和价值，同时也在其他方面满足了人们的生活需求，衍生出射猎等娱乐项目。

【知识延伸】

清代民间的骑射之风

　　清代武举极为重视骑射项目。清朝是由满族建立的政权，历代统治者始终不忘骑射为立国之根本，尤其是康熙、雍正、乾隆三位皇帝。这三位皇帝本身就是射箭高手，并且大力提倡骑射教育，将射箭训练逐步推广到武举考试之中。

　　武举考试的兴起推动了骑射学习之风，一时之间，出现了大量教骑射功夫的师傅——"弓马师傅""弓把式"，还涌现出许多"弓箭房""射棚"等，以便武举应试者能够在短期内快速提升骑射能力。另外，专供军队训练使用的校场也对应试者开放。这一时期的民间习射活动十分普遍，传授射艺的"弓把式"成为人人敬重的职业。

第四卷

岁时之书，古人的四时习俗

第一章　古人的二十四节气

第一节　二十四节气的由来

【典籍溯源】

冬夏致日，春秋致月，以辨四时之叙。

——《周礼·春官宗伯·司巫》

古代中国是以农为本的农耕社会，而农业生产活动与大自然的节律息息相关。我国先民利用自己的智慧，通过不断地观察探索，一点一点地总结出与农时相适应的节令历法。早在西周时期，古人就已经确立了"二分二至"，并在夏至日、冬至日测量日影的变化，在春分日、秋分日测量月影的长短，据此辨别四季的代序。

【礼俗文化】

二十四节气是我国古代人们长期观察天文、气候总结出的结果，对于农业生产活动具有深刻影响。

自古以来，中国的经济、文化、农事耕作主要集中在中原地区。二十四节气便是古人根据这一带的气象、物候而探索确立的。

二十四节气中最先确立的节气名称是"二分二至"，即春分、夏至、秋分和冬至。战国时期的《吕氏春秋》中记载了立春、春分、立夏、夏至、立秋、秋分、立冬、冬至八个节气名称。秦汉时期，出现了完整的二十四节气的名称，与现代的完全一致，这是中国历史上关于二十四节气的最早记载。公元前104年，落下闳、邓平等制定了《太初历》，正式将二十四节气定为历法，明确了二十四节气的天文位置和天文意义。

二十四节气最初是根据北斗七星的运行周期来确定的。《史记·天官书》云："斗为帝车，运于中央，临制四乡，分阴阳，建四时，均五行，移节度，定诸纪，皆系于斗。"北斗七星的斗柄顺时针旋转一周为一年，根据斗柄指向的方位来确定月份，即十二地支，再根据十二地支确定二十四时。按照斗转星移确定的二十四节气，起于立春，终于大寒，周而复始。

平气是我国古代历法推算节气的一种方法，也叫作恒气，是将一周年的时间平均分为二十四份，拟定二十四节气。这种方法起于冬至，终于大雪，每间隔十五天就会交替到下一个节气。由平气法确定的二十四节气，能够保证节气之间的间隔天数相同，但实际上太阳的公转运动是不等速的，冬至日白天最短黑夜最长，夏至日白天最长黑夜最短，春分和秋分则是白天黑夜均等，太阳在各个节气之间的公转度数是不同的。

隋朝的天文学家刘焯觉察出平气法的漏洞，提出了定气法，即按照太阳在黄道上走过相同度数的时间间隔来确定二十四节气。但这种推算方法一直未被采用。

清代时，西洋传教士订立了《时宪历》，按照定气法确定了二十四节气。定气法根据太阳在回归黄道上的位置来确定节气长度，太阳围绕着360度的黄道做周期运动，走过360度即为一年，以春分为起点，将360度划分为24等份，每15度为一个节气长度。由于太阳不呈匀速运动，因此走过15度的时间间隔也是不均等的。按照定气法确定的二十四节气始于立春，终于大雪，每个节气之间的天数不再是均匀分配的，而是与日照变化密切相关，因此是最符合天文气候的，从颁布后一直沿用至今。

【知识延伸】

含有二十四节气的古诗

在古人的笔下，诞生了许多关于二十四节气的绝美诗句。

"清明时节雨纷纷，路上行人欲断魂"，描写出清明时节人们心中的悲思愁绪。

"天街小雨润如酥，草色遥看近却无"，描写出细雨连绵，万物生长的雨水时节。

"雨雾风光，春分天气，千花百卉争明媚"，描写出春雨过后春光明媚、万红争艳的春分美景。

"蒹葭苍苍，白露为霜"，时至白露，昼夜温差悬殊，天气开始降温，要注意早晚保温。

"燕山雪花大如席，片片吹落轩辕台"，描写出寒冬凛冽、冰雪呼啸的大雪景象。

"邯郸驿里逢冬至，抱膝灯前影伴身"，展现了在冬至夜里，漂泊游子形单影只的孤独场景。

第二节　春季六节气

【典籍溯源】

　　立，始建也。春气始而建立也。

——《群芳谱》

　　《群芳谱》是明代王象晋编撰的一部农学巨著。全书对17世纪初期的中国植物学、农学进行了整理总结，收录了唐、宋、元、明各代植物种类，详细记述了植物的名称、品种、形态、生长环境、培育技术等，尤其是果蔬的种植技术，记载得十分周详。

　　立春是二十四节气中的第一个节气，时间范围在每年的2月3日到5日。中国人将立春视作春天的开始、新年的开始，但对于大多数地区来讲，此时仍雨雪连绵，十分寒冷，春天的身影还没有真正地到来。

【礼俗文化】

　　中国的二十四节气是根据太阳在黄道上的运行位置划分出来的，每段节气长度为15度。一年有四个季节，每个季节有六个节气，其中属于春季的六个节气是立春、雨水、惊蛰、春分、清明、谷雨。

　　立春是春季的第一个节气，太阳黄经达315度，时间大约在每年的2月3日至5日。"立"是开始的意思，俗话说"一年之计在于春"，立春不仅是春天的开始，也是这一年的开始。由于中国地域辽阔，各地气候相差悬殊，立春具体的气候意义并不适用于所有地区，仅对应黄赤交角

175

的岭南地区，黄河流域仍处于万物闭藏的时节，有些地区还在下雪。因此立春的气候意义对于众多地区来说仅作为参考，作为春天的先声前来报道。

雨水是春季的第二个节气，太阳黄经达330度，时间大约在每年的2月18日至20日。时至雨水，明显感觉到气温在回升，日照强度和时间都在增加，而且降雨量逐渐增多，以小雨和毛毛雨为主。对于多数北方地区来说，雨水是春天的前奏，并没有真正进入春天，阴寒未尽，天气还是很冷；而对于南方地区来说，春天的气息已经扑面而来，俨然一幅早春的景色。雨水是反映降雨现象的节气，"春雨贵如油"，告诉人们播种的时机已经来到，要抓紧准备农耕生产。

惊蛰是春季的第三个节气，太阳黄经达345度，时间大约在每年的3月5日至7日。时至惊蛰，天气明显回暖，偶尔能听到几声春雷，冬眠的动物纷纷苏醒，天地间一片生机盎然的景象。农业生产与自然节律息息相关，惊蛰是万物生长、能量迸发的节令，也是春耕开始的号角。

春分是春季的第四个节气，太阳黄经达0度，时间大约在每年的3月20日至22日。春分有两种含义，其一是说这一天的昼夜时间平均分配；其二是这一节气落于春天的中部，平分了春季。时至春分，除了西藏、东北等地区，其余地区均进入温暖明媚的春季，雨水充足，气候宜人，大部分农作物进入生长阶段。

清明是春季的第五个节气，太阳黄经达15度，时间大约在每年的4月4日至6日。时至清明，风和景明，草木萌动，处处都显现出欣欣向荣、吐故纳新的景象，正是郊外踏青、野游的好时机。清明既是二十四节气之一，也是中国传统节日，到了清明节这天，家家户户都会外出扫墓，纪念祖先。宋代名画《清明上河图》就描绘了踏青、扫墓、探亲等场景。

谷雨是春季的最后一个节气，太阳黄经达30度，时间大约在每年的4月19日至21日。谷雨意为百谷因雨水而茁壮成长。时至谷雨，气温骤升，雨量充沛，极大地刺激了农作物的生长。谷雨是反映雨水天气的节气，南方一些地区开始进入长时间的降雨状态。

春季是一年中的第一个季节，始于立春，终于谷雨，共包括三个月份、六个节气，每个月分为两个节气。农民们要根据节气时令的变化合理安排农业生产，才能进行下一季度的农耕作业。

【知识延伸】

立春民俗

立春是二十四节气中的第一个节气，象征着一年的开始，因此备受人们重视。民间流传着许多关于立春的习俗，有打春、咬春等。

打春：到了立春这一天，人们会用泥或者纸做成春牛，然后用鞭子抽打，即为"打春牛"，表示打走春牛的懒惰，督促人们赶快准备耕种。

咬春：在立春当天，北方地区有吃春盘的习惯，春盘即将春饼、萝卜、生菜以盘装之，杜甫诗中"春日春盘细生菜"指的便是这一习俗；南方人则吃春卷，春卷与春饼相仿，都蕴含了"咬住春天"的寓意。

第三节　夏季六节气

【典籍溯源】

> 夏至之日始，百官放假三天。
>
> ——《文昌杂录》

《文昌杂录》是宋代庞元英在任职期间根据所见所闻编撰的一部笔记，主要记载了朝堂典章、逸闻琐事，基本是真实可靠的历史资料，对于考证宋代官制、朝仪具有重要意义。

夏至是古人最早确立的节气之一。到了夏至这天，人们会举行祭祖、拜神等各种欢庆活动，清代以前，夏至日还有放假的习俗，以躲避酷暑。

【礼俗文化】

夏季起于立夏，终于大暑，包括公历的5、6、7月，共有六个节气，分别是立夏、小满、芒种、夏至、小暑、大暑。这一阶段的气候特征是温度高、湿度大。

立夏是夏季的第一个节气，太阳黄经达45度，时间大约在每年的5月5日至7日。立夏是夏天的开始，气温上升，雨量增多，农作物进入生长后期。由于我国幅员广阔，各地自然节律有所差异，因此立夏的气候意义也只能体现在南方的某些地区。立夏以后，江南地区进入雨季，阴雨连绵不断，极易催生炭疽病、立枯病等多种病害，农民应适当采取除湿措施，配合药剂防治这些病害。华北、西北等地区此时才刚刚进入春天，气温迅速回升，降雨量较少，土地干旱，农民应当合理安排浇地、除草事宜。

小满是夏季的第二个节气，太阳黄经达60度，时间大约在每年的5月20日至22日。对于南方地区而言，小满之"满"指的是雨水的充沛，反映了降雨量大、降雨频繁的气候特点。小满过后，南方地区通常会出现长时间、大范围的降水现象，江河湖泊蓄水盈满。对于北方地区而言，小满之"满"指的是作物籽粒灌浆饱满。到了小满节气，北方地区的小麦等夏熟作物已经开始结穗，饱满的籽粒清晰可见，可以预见到夏收时节的殷实。

芒种是夏季的第三个节气，太阳黄经达75度，时间大约在每年的6月5日至7日。芒种的气候特点是高温多雨，空气湿度大，南方某些地区进入"梅雨"时节，而北方地区除青藏高原、黑龙江北部等地，基本进入了夏季。芒种又叫作"忙种"，这是一个非常繁忙的节气，小麦等有芒作物已经成熟，必须抓紧收割，不然遇到雨天，麦子就会出现倒伏、发芽、发霉等现象。另外，芒种也是晚稻等谷物播种的节令，南方人民忙着水稻插秧，这一节气过后，农作物的成活率会越来越低。

夏至是夏季的第四个节气，太阳黄经达90度，时间大约在每年的6月20日至22日。到了夏至节气，太阳直射地面的位置抵达全年最北部，所以在这一天，北半球白昼最长、黑夜最短，南半球黑夜最长、白昼最短。"芒种火烧天，夏至雨涟涟"，夏至过后，江淮流域就会进入"梅雨"天气，梅子初熟，阴雨连绵。

小暑是夏季的第五个节气，太阳黄经达105度，时间大约在每年的7月6日至8日。"暑"意味着炎热，小暑标志着盛夏的到来，开始进入伏天。小暑节气常伴随雷暴现象，全国大多数地区高温潮湿多雨。雨热同期更利于农作物的快速生长。

大暑是夏季的最后一个节气，太阳黄经达120度，时间大约在每年的7月22日至24日。大暑和小暑一样，也是反映天气炎热的节日。相比于小暑，大暑更加炎热，是一年中最热的时段。大暑节气正值中伏前后，气温最高，雨量也大，雨热同季，农作物生长最快。

夏季是播种、收获的繁忙季节，也是旱、涝、风灾等气象灾害频发的季节，对于农民而言，要合理安排抢收、抢种、抗旱、抗涝、防风等工作。

【知识延伸】

夏季六节气的应时食物

每个节气都有对应的传统美食。时至立夏，许多地区有吃"立夏饭"的风俗，即用绿豆、红豆、黄豆、黑豆、蚕豆煮成色彩鲜艳的"五色米饭"，寓意五谷丰登；民间在小满这天有吃苦菜、野菜的风俗；芒种时节，梅子成熟，青梅煮酒是极为风雅的习俗，三国时期便有"青梅煮酒论英雄"的典故；民间常有"冬至饺子夏至面"的说法，到了夏至节气，全国许多地区都会遵守这个习俗，制作当地的特色面条；每逢小暑，百姓们都习惯吃绿豆芽、莲藕、黄鳝等食物；时至大暑，天气异常炎热，人们饱受湿热之苦，喝羊汤、绿豆汤、莲子粥等食物能够排湿防暑，久而久之，也就成了民间流传的习俗。

第四节　秋季六节气

【典籍溯源】

> 秋分者，阴阳相半也，故昼夜均而寒暑平。
>
> ——《春秋繁露》

《春秋繁露》是汉代董仲舒编撰的一部哲学著作，全书共有十七卷、八十二篇，集中阐述了作者的宇宙观、伦理道德思想和政治原则，是汉武帝时期儒学思想风貌的真实反映。

秋分的"分"，其实是分成两半的意思。在秋分这日，太阳直射赤道，全球进入昼夜平分的时段，南北半球寒暑平衡。

【礼俗文化】

秋季没有夏季炎热，也没有冬季寒冷，但它却是四季中气温变化最大的季节，经历了立秋、处暑、白露、秋分、寒露、霜降六个节气，气温从高到低，气候从湿到燥，几乎横跨了夏、秋、冬三季。

立秋是秋季的第一个节气，太阳黄经达135度，时间大约在每年的8月7日至9日。立秋是秋天的前奏，还没有真正进入秋天。虽然到了立秋节气，但全国各地感知秋意的时序不同，黑龙江、新疆等地区最早迎来秋天，而东部地区、南部地区仍处于炎热的夏季。立秋之后，降水逐渐减少，但天气依然炎热，人们将这时的气候形容为"秋老虎"。

处暑是秋季的第二个节气，太阳黄经达150度，时间大约在每年的8月

22日至24日。处暑，意味着暑气消退、终止。处暑节气表示炎热的夏天即将结束，气温开始降低，降雨量减少，早晚能够感受到丝丝凉意，但午间气温仍然较高，因此要适时增减衣物，预防感冒。

白露是秋季的第三个节气，太阳黄经达165度，时间大约在每年的9月7日至9日。白露节气是一年中昼夜温差最大的时段，白天温度较高，而到了夜晚气温骤降，昼夜温差悬殊，以致空气中的水蒸气凝结液化，形成一层白白的露水，因此称为"白露"。白露节气是秋天的气象学意义，表示凉爽的秋天即将到来。

秋分是秋季的第四个节气，太阳黄经达180度，时间大约在每年的9月22日至24日。时至秋分，太阳几乎直射赤道，因此在这一天昼夜等长。秋分也有平分秋天的意思，这一天正好落于秋季的中部，过了这个节气，黑夜就会逐渐长于白昼。谚语说"秋分秋雨天渐凉"，冷暖空气相遇以致秋雨连绵，气温也在一次次的降雨中不断下降。此时黄河流域不冷不热，气候宜人，而西北地区则已至严寒，日最低气温降到零度以下。秋分也是繁忙的秋收季节，华北地区忙着播种小麦，长江流域则在抢收晚稻，避免遭遇霜冻、阴雨等气象灾害。

寒露是秋季的第五个节气，太阳黄经达195度，时间大约在每年的10月8日至9日。寒露节气意味着进入深秋时节，天气更加凉爽，以至于地面的露水快要凝结成霜。时至寒露，东北、西北地区开始进入冬季，北方大部分地区景象萧瑟，秋意渐浓，登高的游客络绎不绝，而南方地区也呈现出气温持续下降的气象。此时农事耕作基本告一段落，家家户户准备过冬事宜。

霜降是秋季的最后一个节气，太阳黄经达210度，时间大约在每年的10月23日至24日。到了霜降节气，气温骤降，植物上的水汽开始凝结成霜，这一气象物候主要反映的是黄河流域，南部沿海地区不会出现霜降。霜降节气过后，黄河流域地区就会进入冬季。

秋天是炎热与寒冷交替的季节，阳气渐衰，阴气渐长，昼夜气温差异过大，因此要注意保暖，早晚添衣。

【知识延伸】

立秋节俗

立秋节气有许多古老风俗，如咬秋、贴秋膘、喝秋水等。

咬秋：民间在立秋这天有吃西瓜、桃子或香瓜的习俗，寓意夏日炎热，酷暑难熬，时逢立秋，将其咬住。

贴秋膘：到了立秋这天，民间有称体重的习俗，并与立夏时的体重做比较。气温凉爽，胃口变好，就会吃肉贴秋膘。

喝秋水：夏季炎热，人体会流失掉大量的汗液。因此到了立秋这一天，人们都会喝上一杯立秋水，寓意消除夏暑，避免一到秋天就闹肚子。

第五节　冬季六节气

【典籍溯源】

后苑进大小雪狮儿，并以金铃彩缕为饰，且作雪花、雪灯、雪山之类，及滴酥为花及诸事件，并以金盆盛进，以供赏玩。

——《武林旧事》

《武林旧事》是宋末元初周密编撰的一部杂史，为追忆南宋临安旧事之作。作者根据所见所闻和故书杂记记述了朝廷典礼、山川风俗、市肆节物、教坊乐部等内容，对于研究南宋城市风貌、经济文化发展，具有丰富的史料意义。

大雪时节有许多欢乐的民间习俗，有踏雪、堆雪、冰嬉、赏雪等娱乐活动。赏雪是一项高雅的娱乐活动，无论是贵族还是平民都极为钟爱。在雪天里，人们呼朋唤友，堆雪人、打雪仗，尽情享受冰雪世界的快乐。

【礼俗文化】

《史记·太史公序》记载："夫春生夏长，秋收冬藏，此天道之大经也。"经过了莺飞草长、生机勃勃的春天，草木茵茵、烈日炎炎的夏天，凉风送爽、硕果累累的秋天，终于迎来了天寒地坼、银装素裹的冬天。冬季包括六个节气，按照时间顺序为立冬、小雪、大雪、冬至、小寒、大寒。

立冬是冬季的第一个节气，太阳黄经达225度，时间大约在每年的11月7日至8日。立冬表示冬季自此开始，主要反映的是黄河中下游地区的气候。实际上全国各地区入冬时序差异悬殊，东北地区在白露节气就已经入冬，华北多地霜降时节就已经入冬，而华南地区根本就没有气象学上的冬季现象。立冬即初冬时段，气温并不是很冷，立冬过后，日照时间继续缩短，正午太阳高度也继续下降。

小雪是冬季的第二个节气，太阳黄经达240度，时间大约在每年的11月22日至23日。进入小雪节气后，寒潮和冷空气活动频繁，造成大范围的降温强风天气，部分地区开始下雪。

大雪是冬季的第三个节气，太阳黄经达255度，时间大约在每年的12月6日至8日。大雪节气的气候特点是降温、降雪活动频率较高，且大雪节气的气象意义与天气预报中的"大雪"意义不同。此处的大雪指的是节气期间的气候特点，降雪的范围更为广泛，而天气预报说的是降雪强度较大。在北方地区，常会出现"小雪雪比大雪大"的现象，这是因为小雪时节气温还不算太低，一旦遇到暖空气，空气中的水汽含量过多，极有可能发生强降雪现象。

冬至是冬季的第四个节气，太阳黄经达270度，时间大约在每年的12月21日至23日。到了冬至这一天，太阳直射南回归线，太阳光照对北半球的辐射强度和光照时长达到最低。所谓"日南至，日短之至"，在冬至日这天，北半球白昼最短，黑夜最长。冬至是冬季的转折点，过了冬至，阴气渐衰，阳气见长，白昼逐渐变长，黑夜逐渐变短，但短期内仍处于昼短夜长的状态，气温也没有大幅度的回升。

小寒是冬季的第五个节气，太阳黄经达285度，时间大约在每年的1月5日至7日。我国民间流行数九的习俗，从冬至开始，每九天为一组，小寒节气正处于"三九"前后。俗话说"冷在三九"，这是一年中最寒冷的时段，因此民间有"小寒胜大寒"的说法。

大寒是冬季的第六个节气，太阳黄经达300度，时间大约在每年的1月20日至21日。谚语说"小寒大寒，冷成一团"，大寒和小寒一样，也是反映气候寒冷程度的节气。大寒指天气极其寒冷，实际上全国大部分地区的最低气温主要出现在小寒时节，这是因为大寒正值"五九"，气温正在回暖。

冬季是飞雪凝霜的季节，也是生机潜藏的季节，忙碌了一年的人们可以趁着这段时间休息、进补，好好犒劳辛苦了一年的自己和家人。

【知识延伸】

王子猷雪夜访戴

赏雪习俗，自古就有。雪景是文人雅客们的灵感源泉，每逢雪天，他们就会来一场说走就走的旅行，近至庭前屋后，远至山间湖心。《世说新语》中就记载了一个关于赏雪的小故事：当时王羲之的儿子王徽之（字子猷）住在山阴县。一天夜里下起了大雪，王徽之从睡梦中醒来，推开房门，命仆人送上酒盏。看了雪，喝了酒，王徽之仍没有满足，还想见一见自己的朋友戴安道。当时戴安道住在剡县（今嵊州市），王徽之当即乘坐船只前去拜访，船行了一夜才到达。到了戴安道家门口王徽之却没有进门，反而扭头就走。别人问他为什么这样做，王徽之答复说："我本就是乘兴前往，兴头没了自然返回，何必非要见他呢？"由此可见，古人赏雪访友图的不过是兴致罢了。

第二章　古人的春季风俗

第一节　春节为什么要守岁

【典籍溯源】

　　每至除夕，必取一岁所作置几上，焚香再拜，酹酒祝曰：
"此吾终年苦心也。"

——《唐才子传》

　　《唐才子传》是元代文学家辛文房编撰的评传汇编集专传，共十卷。
本书主要记载了唐代、五代时期诗人的生平事迹，对诗人的艺术得失做出
了简要的评论，为研究唐代诗歌提供了重要的历史资料。
　　春节守岁是中国历代相传的年俗。在这辞旧迎新之际，全家人围坐
在餐桌上，回望过去的一年，再评说现在的生活，展望新年新气象，既
有对过去生活的留恋，也有对新生活的鼓励和期盼，祝愿来年的生活更
加红火。

【礼俗文化】

　　春节守岁是中国传统年俗之一。到了大年三十的晚上，全家人围坐在
一起吃年夜饭，饭后，摆上茶果点心，坐在一起聊聊天，通宵不睡，守到
第二天天亮为止。守岁也被称作"照虚耗""守岁火""照岁"，除夕夜

187

里万家灯火通宵不灭，据说照岁之后，来年家中会更加殷实。

关于守岁的由来，主要有以下三种说法。

第一种是祛除邪祟。古人认为年关有邪魔、瘟疫作祟，而邪魔病疫最害怕火光和灯光，为了驱走它们，家家户户都要灯火通明，直到新年来临。

第二种说法是迎接灶王奶奶回归凡间。传说玉皇大帝的小女儿爱上了一个给人烧火做饭的凡人，玉帝知道后十分恼怒，将女儿贬下凡间与穷小子一同吃苦受罪。王母心疼女儿，从中周旋说情，玉帝才稍稍消气，勉强给那穷小子封了个灶王爷的职位，女儿也就当上了灶王奶奶。灶王奶奶心地善良，常以探亲为名，将天上吃的、用的、穿的东西分发给穷苦百姓。玉帝得知此事后，下令女儿女婿只能在每年的腊月二十三返回天宫，其余时间只能待在凡间。到了腊月二十三，灶王奶奶为了给百姓们凑齐过年用的东西，便赖在天宫不走，直到大年三十这天天黑才离开天宫。这天夜里，百姓们都没有睡觉，点燃灯火、爆竹，迎接灶王奶奶回归凡间。

第三种说法是驱赶年兽，这也是民间流传最广泛的一种说法。相传古代有一头叫作"年"的怪兽，喜欢吃肉，每到年根就会跑到人口聚居的地方，伤害熟睡的人，等到天亮便会自动离去。于是，人们便将恐怖的除夕夜叫作"年关"，即过年的关口。为了对付"年"，每到除夕之夜，人们便会早早锁住大门，躲在家里吃饭喝酒，提着精神通宵守夜，避免自己被"年"吃掉。为了消磨时间，全家人围坐在一起闲聊谈天，祈求新年赶快过去，"年"能早点返回山林。到了第二天早上，大家才敢出门，见到人就会拱手道喜，庆贺没被"年"吃掉。

久而久之，也就形成了除夕守岁的习俗。直到有一年的除夕夜，年兽窜到一个村子里，几乎吃掉了全村人，只剩下一家挂红布、穿红衣的新婚夫妻幸免于难，还有几个在院子里烧竹子玩的小孩也幸存下来。此后，人们便知晓了"年"的弱点：惧怕红色、火光、声响。为了报复"年"，每到大年三十，家家户户都会放爆竹，穿红衣服，挂红灯笼，在门外贴红纸。

春节守岁的习俗由来已久，西晋时期就有通宵守夜的习俗，南北朝时期有了吃年夜饭的风俗。到了唐朝时，守岁的习俗更加流行，唐太宗李世民还曾写下守岁诗："寒辞去冬雪，暖带入春风。"宋代诗人苏轼写下了著名的《守岁》诗作。这种习俗一直延续到今天，每到除夕夜，家家户户都会聚在一起守岁，等待新年的到来。

【知识延伸】
发压岁钱的习俗

春节守岁有给孩子们发压岁钱的习俗。"岁"与"祟"同音，"压岁钱"意为压住邪祟，孩子们得到家长们发的压岁钱就能平安度过新的一年。

压岁钱的习俗起源于宋朝。在宋代，压岁钱是专门生产的，不能用于市场买卖。压岁钱的形制与铜钱相似，但正反两面的图案多带有寿命、生长寓意。近代以来，没有人专门制作压岁钱，而是用红纸包上钞票，代替压岁钱分发给孩子们，这就是人们常说的"红包"。

第二节　春联是什么时候出现的

【典籍溯源】

　　春联者，即桃符也。

　　　　　　　　　　　　　　　——《燕京岁时记·春联》

　　《燕京岁时记》是清代富察敦崇编写的一部风俗志。该书按照岁时节令顺序，记载了晚清北京的风俗、礼仪、物产、禁忌和各种娱乐活动，对于研究北京的岁时风物具有重要的史料价值。

　　桃符是春联的源头。古人认为，桃木能够辟邪驱鬼，将桃木板悬挂在大门两侧能起到震慑妖邪的作用。五代十国时期，蜀主孟昶突发奇想，在桃木板上写下了两句吉祥语，打破了传统桃木的呆板样式和寓意，给桃符增添了更加深刻丰富的内涵。

【礼俗文化】

　　辞旧迎新之际，家家户户都会在门外贴上春联，还要在上方挂上一对大红灯笼，寓意日子红红火火，越过越好，为过年增加了喜庆的元素。王安石的《元日》描述了过年时的场景："爆竹声中一岁除，春风送暖入屠苏。千门万户瞳瞳日，总把新桃换旧符。"诗中的"桃符"说的就是春联。

　　桃符是春联的前身。古人认为桃木有驱邪镇宅的神力，每当新年来临，就会将神荼、郁垒两位神灵的名字写在桃木板上，然后挂在房门外，这样邪魔鬼怪便不敢靠近家门。

往门上挂桃符是古老的中国民俗，当然，桃符和春联还是有不少差别的，春联更加注重文学性。五代十国时期，后蜀皇帝孟昶在桃符上亲笔写下"新年纳余庆，嘉节号长春"，贴在门外。这便是中国最早的春联，对仗工整、精巧、简洁。

还有人说中国最早的春联出现在唐朝，唐朝墓葬中出土了一副八字春联，内容为"三阳始布，四序初开"。这副对联写于开元十一年（723年），比孟昶所写的那副对联还要早两百多年，从内容和形式上看，与现在的春联颇为相似。

春联究竟起于何时，还有待考察，但要说春联是何时普及的，毋庸置疑，一定是明代。明太祖朱元璋首创"春联"一词，要求家家户户在除夕前都要在门口贴一副对联。朱元璋还会微服私访，检查百姓门前的春联。据说朱元璋出城巡访时，看见有户人家没有贴对联，心里十分生气，命令属下去询问原因。原来这户人家以杀猪为生，不认识字，到了年关又异常忙碌，还没有来得及请人代写。朱元璋命属下送上文房四宝，亲自为这户人家写了一副春联："双手劈开生死路，一刀割断是非根。"

又到了辞旧迎新之际，朱元璋像往常一样微服出巡，路过一户没有贴春联的人家，便进去询问。原来这户人家是牛贩子，刚忙完生意，正在请人书写对联，一连写了几副都不满意。朱元璋就为这家人出了一副对联："满堂生无底，全家午出头。"这副对联诙谐有趣，是个拆字对联，上联和下联的谜底都是"牛"字，恰好符合这家人的职业，牛贩子很是欢喜，待对联书写完后，赶紧贴到了大门口。

朱元璋酷爱春联，不仅御笔为百姓书写春联，还曾将春联当作赏赐送给臣子。据说有一年春节时，朱元璋赏赐文武百官，想到给大功臣徐达送什么礼物时犯了头疼。徐达为明朝立下了汗马功劳，赏赐钱财俸禄这种东西根本就不顶用。于是，朱元璋突发奇想，亲自为徐达写了一副春联："破虏平蛮，功贯古今人第一；出将入相，才兼文武世无双。"

在朱元璋的大力推崇下，写春联成为当时流行的习俗。到了清代，春联文化更加成熟，内容、形式新奇多样，思想性和艺术性有了显著提高，出现了许多有趣诙谐的春联，比如"有客醉，无客睡，福简简吁可愧；长歌粗，短歌疏，诗平平聊自娱"。字里行间都流露出文人慵懒闲淡的气质。

时至今日，写春联已经成为中国传统春节节俗。它寄托了人们对辞旧迎新的美好愿望，烘托了新年的喜庆氛围，是中国特有的文学形式，也是中华传统文化的延续。

【知识延伸】

乾隆题联旺鞋铺

相传某个大年三十晚上，乾隆皇帝微服出巡，见到一家鞋铺门上没有贴对联，便进门询问。乾隆问店主人："怎么没贴对联呢？"店主人满脸愁容，唉声叹气地说："生意不好，没心情贴。"乾隆皇帝便说："我给你写一副对联，保管你以后生意红红火火。"乾隆皇帝挥笔疾书，很快就写出了一副对联：

上联：大楦头，小楦头，打出穷鬼去

下联：粗麻绳，细麻绳，引进财神来

横批：鞋店兴隆

此后，鞋店声名大噪，慕名而来的人络绎不绝，生意果然越来越红火。

第三节　元宵节是怎么来的

【典籍溯源】

　　正月十五日元宵，大内前自岁前冬至后，开封府绞缚山棚，立木正对宣德楼，游人已集御街两廊下。奇术异能，歌舞百戏，鳞鳞相切，乐声嘈杂十馀里，击丸蹴踘，踏索上竿。

——《东京梦华录》

　　正月十五闹元宵，元宵节是继春节之后，又一个举国同庆的节日。在元宵节这一天，人们猜灯谜、逛灯市、吃元宵，观看杂耍、歌舞、爬杆等表演，大街小巷张灯结彩，一片喜庆欢腾景象。

【礼俗文化】

　　农历正月十五是中国传统的元宵节，又叫作"上元节""元夜""灯节"。到了元宵节晚上，街巷里张灯结彩，游客云集，将新年的欢庆气氛推向另一个高潮。

　　元宵节是中国民间传统节日，关于它的起源，世人众说纷纭，比较著名的有平吕说、太一神祭祀活动、三元说、明帝信佛等。

　　第一种说法是平吕说。汉朝建立初期，汉惠帝刘盈懦弱无能，吕后牢牢把控着朝政，在朝中极力培植自己的势力。汉惠帝去世后，吕后临朝称制，吕家势力越发膨胀。吕后病死后，吕家害怕大权旁落开始密谋造反，意图夺取刘氏江山。众大臣合力击溃吕氏势力，诛杀吕氏族人，并推举刘邦的四子刘恒上位，是为汉文帝。因为平定吕乱的日子恰好是正月十五，所以汉文帝即位后，为纪念平定吕氏之乱，便将正月十五定为与民同乐日。

第二种说法认为，太一神祭祀活动是元宵节的前身。太一神掌管着世间万物，包括雨雪旱涝、病疫饥荒。古代中国信奉太一神，每年都会举行祭祀太一神的仪式，祈求风调雨顺，国泰民安。在汉武帝时期，太一神的祭祀活动定在了正月十五。《史记·乐书》记载："汉家常以正月上辛祠太一甘泉，以昏时夜祠，到明而终。"

第三种说法是三元说。三元说是道教学说，正月十五为上元，七月十五为中元，十月十五为下元，这三元分别由天、地、人三官掌管着。《梁元帝旨要》记载："上元为天官赐福之辰。"上元节这天，天官要下到凡间，为百姓们赐福，为了迎接天官，家家户户都会在上元节燃灯，此后便成为一种节俗。

第四种说法认为元宵节赏灯始于汉明帝时期。《岁时广记》卷十引《僧史略·汉法本传》云："西域十二月三十日，乃中国正月之望，谓之大神农变月。汉明帝令烧灯，以表佛法大明。"汉明帝信佛，崇尚佛教文化。他听闻佛教有正月十五点灯祭祀佛祖释迦牟尼的风俗，于是颁布律令，要求家家户户都要在这一天的夜里点灯，皇宫和寺庙则要点灯敬佛，由此传下了元宵节点灯的习俗。

关于元宵节的由来，民间流传着各种说法，但不管是出于何种原因，随着历史的变迁，人们的的确确只记住了"元宵节"的节俗。元宵节是中华民族的传统佳节，无论是张灯结彩，还是吃元宵、猜灯谜、舞狮子等，都蕴含着中华儿女对于生活的美好希冀。

【知识延伸】

元宵节的节俗活动

赏花灯、猜灯谜、吃元宵等都是中国元宵节的节俗活动。

赏花灯：赏花灯的节俗历史悠久，历代的民间灯会都极为壮观。唐玄宗时期，都城长安的灯市规模盛大，点灯数量多达五万盏。皇帝还命专人打造了一座高一百五十尺的灯楼，辉煌灿烂，令人不得不惊叹灯饰的奇幻精美。

猜灯谜：猜灯谜是赏花灯衍生出的文字游戏，将灯谜的谜面贴在花灯上，供游客们竞猜。

吃元宵：吃了元宵，元宵节才算圆满。元宵是元宵节的应节食品，北方人称为"元宵"，南方人称为"汤圆"，有甜、咸、荤、素多种口味。北方的元宵是将馅放入糯米粉中来回翻滚而成，南方的汤圆跟包饺子一样，将馅放到糯米皮上包成汤团。

第四节　清明扫墓习俗的由来

【典籍溯源】

> 清明扫墓，倾城男女，纷出四郊，提酌挈盒，轮毂相望。
> 各携纸鸢线轴，祭扫毕，即于坟前施放较胜。
>
> ——《帝京岁时纪胜》

《帝京岁时纪胜》是清代潘荣陛编撰的一部风俗志，主要记载了清初北京的风土习俗、岁时节令等，按照月份进行编著。该书所记内容均为作者的所见所闻，为研究北京地区的发展史提供了宝贵翔实的资料。

在中国古代，放风筝是清明节的重要活动。放风筝又叫作"放断鹞"，寓意放走晦气。所以很多人都将病症灾祸写在风筝上，当风筝飞到高处时，剪掉风筝线，表示晦气离去。

【礼俗文化】

清明起先是二十四节气中的春祭节令，后来兼并寒食节的习俗，便成为一个既是节气又是节日的日子。祭祖扫墓是清明节的传统习俗，家家户户都要带上供品、香纸，外出给亲人上坟，表达对逝者的怀念。

起初，清明节与扫墓是没有关联的，扫墓是寒食节的节俗。春秋时期出现了寒食节，恰好定在清明节的前一天。寒食节里人们不能生火做饭，要防火、灭火、吃冷食，即"禁火"。

据说寒食节的形成与一位隐士有关。春秋时期，公子重耳为了躲避纷争而出走流亡，跟随他出逃的臣子们大多各奔东西，只剩下几个忠心的人还陪在他身边。重耳在逃亡的路上受尽屈辱折磨。有一次他饿晕了过去，一位名叫介子推的人不惜"割股奉君"——从大腿上割下一块肉，烤熟后给重耳充饥，帮助重耳度过了危急。十几年后，重耳成为晋国国君，大肆封赏曾与他共度患难的臣子，唯独漏了介子推。臣子在晋文公面前为他叫屈，这才令晋文公想起了这桩旧事。彼时介子推已经隐退，但晋文公心中有愧，觉得自己应该报恩，于是差人去请介子推。介子推不愿出仕，带着老母亲躲进了绵山里。晋文公有心逼介子推出面，便下令放火烧山，结果介子推和母亲相倚死在了一棵柳树下。

为了纪念介子推，晋文公诏令天下，将介子推去世的这一天定为寒食节。这一天不许生火，只能吃冷食。介子推去世后的第二年，晋文公重返绵山，先是在山脚下寒食一日，第二天才上山祭奠。行至坟前，那棵柳树竟意外复活，长出了嫩绿的枝叶。晋文公看着这棵柳树，仿佛看见介子推的身影。他上前折下了一段柳枝，编成头冠戴在头上，将这棵柳树命名为"清明柳"，将这一天定为"清明节"。

此后，每逢介子推的忌日，百姓们都会禁火，上坟祭拜。

唐朝是寒食节、清明节发展的重要时期，统治者将寒食祭扫定为国家礼俗，唐玄宗诏令："士庶之家，宜许上墓，编入五礼，永为常式。"寒食祭扫成为常礼，并且出现了寒食节放假的规定。由于寒食节与清明节日期相近，寒食节的活动通常延续至清明节，所以将寒食节和清明节连在一起放假，最短放过四天，最长放过七天。

中唐以后，寒食节逐渐被清明节所取代，而寒食节的节俗自然也就被清明节继承，成为清明节的特色活动。到了宋代，二节合而为一，清明节扫墓成为当时流行的风尚。自宋代以后，清明节便与扫墓祭祖的习俗密切关联，历代相传，延续至今日。

【知识延伸】

清明节的节俗活动

除了扫墓祭祖，清明节的节俗活动还有春游踏青、荡秋千、颁新火等。

春游踏青：清明时节，春光明媚，天地之间生机盎然，欣欣向荣，正是外出踏青的好时候。上至官员、下至庶人，不论男女老幼，都会出游踏青放风，感受春天的气息。

荡秋千：荡秋千是古代女子极为喜爱的一项娱乐活动，传说起源于少数民族，后来传入中原地区。汉代以后，荡秋千便成为清明节、端午节常玩的体育活动。

颁新火：颁新火是清明节的重要习俗，先要熄灭旧的火种，然后重新选木材来进行钻木取火，将得到的新火分发给官员、百姓，寓意除旧迎新。

第三章　古人的夏季风俗

第一节　为何要在四月初八"赶天狗"

【典籍溯源】

> 又西三百里，曰阴山，浊浴之水出焉，而南流注于蕃泽，其中多文贝。有兽焉，其状如狸而白首，名曰天狗，其音如榴榴，可以御凶。

——《山海经·西山经》

《山海经》是先秦志怪古籍，主要记述了远古时期的神话传说和寓言故事，描写了许多奇异的妖怪野兽，涉及地理、药物、民俗、巫术、宗教、祭祀等方面的内容，是一部荒诞不经、充满神秘色彩的奇书。

天狗是中国古代神话传说里的神兽。《山海经》记载，天狗形似山猫，长着白色的脑袋，声音也与猫相仿，是可以抵御凶险的吉兽。经过传说的不断演变，天狗被人们视为凶兽，于是民间衍生出了赶天狗的习俗。

【礼俗文化】

每年农历四月初八，是江苏省丹徒区宝堰一带的"赶狗节"。到了这一天，当地的农妇们要用泥和面捏出泥狗和面狗。等到月亮跑出来时，家家户户都要把泥狗扔进河里，放上一阵鞭炮，接着回家蒸面狗。

"赶狗节"的来源与天狗的神话传说有关。据说，古时这一带出现了许多天狗，它们不仅偷吃农民的粮食，还毁坏地里的庄稼。这种情况持续了很长时间。有一年的四月初八，成百上千只天狗在麦地里又滚又啃，顷刻之间，麦地里只剩下了空荡荡的麦秆。农民们见到此情景简直绝望透顶，个个哭天喊地，场面十分混乱。就在这时，突然出现了一位白发苍苍的老人，他给农民们出了个主意，在第二天中午将捏好的泥狗扔到河里，就可以除去天狗之害。第二天中午，大家按照老人的嘱咐，将捏好的泥狗丢下河塘。不一会儿，一大群天狗争相跳进河中。原来天狗将泥狗看成了同伴，以为同伴遇难，纷纷跳进河里，结果上了农民的当，所有天狗都被淹死了。此后，每逢农历四月初八，当地人就会捏几只泥狗，扔到河塘里，祈求庄稼丰收。

由此可见，"赶狗节"的习俗皆因天狗之害而起。天狗可御凶害，但却为民间所恶。

传说古时候有一位叫目连的公子，他生性善良，深知百姓疾苦，但他的母亲却暴戾成性，为人恶毒。有一天目连之母路过一座寺庙，她站在门口陷入了沉思："这些和尚平日里唯唯诺诺，最是令人厌恶，我要好好作弄他们一番。"于是命人做了三百六十个狗肉包子，谎称包子是素馅的，拿到寺院里布施。目连知道此事后，劝阻母亲不成，赶紧叫人通知寺院方丈，好让寺院有所准备。方丈则准备了三百六十个素包子，分发给寺院众人，让他们藏到自己的袈裟之中。目连之母来到寺庙里施斋，给每个和尚都送了一个狗肉包子。僧侣们偷偷换成了袖子里的素包子，然后吃了下去。目连之母见状拍手大笑："和尚开荤了！和尚吃狗肉包子了！"寺院方丈连声说罪过罪过，事后将那些狗肉包子埋在了寺院后方。

玉帝得知此事后，将目连之母变成恶狗，打入地狱，不得超生。但目连是个至孝之人，他为救母亲日夜修炼，终于成为地藏菩萨。后来他偷偷打开了地狱的大门，令化为恶狗的母亲得以逃脱。恶狗痛恨玉帝，跑到天界寻仇，因为在天上找不到玉帝，只好拿太阳和月亮泄愤。恶狗不停地追赶日月，想要将其吞吃下去，这样人间就会陷入永夜，于是形成了一次又一次的日食和月食。化为恶狗的目连之母有一个致命弱点，它惧怕锣鼓、爆竹的响声，所以每逢日食、月食，百姓们就会敲锣打鼓、点燃鞭炮来驱赶天狗，久而久之，便形成了赶天狗的习俗。

【知识延伸】

神话传说中的天狗种类

关于天狗的传说，常见的有三种：谛听、祸斗、盘瓠。

谛听：地藏菩萨的通灵神兽，原型为白犬，通晓天地，明辨是非，对主人十分忠诚，被人们视为驱邪避恶、护身降福的神兽。

祸斗：南部少数民族的天狗，原型为黑犬，为流星碎片坠地而生，所到之处常常起火，被人们视为不祥之兆。

盘瓠：畲族、瑶族、苗族等先民的图腾崇拜，原型为五色花犬，曾助高辛平定戎狄之乱。

第二节　屈原和端午节有什么关系

【典籍溯源】

> 五月五日竞渡，俗为屈原投汨罗日，伤其死所，故并命舟楫以
> 拯之。舸舟取其轻利，谓之飞凫，一自以为水军，一自以为水马。
>
> ——《荆楚岁时记》

在端午节来源的众多说法中，人们最认可的是为了纪念爱国诗人屈原。中国人崇敬屈原爱国、奉献的高尚精神，因此，都会在端午节当天，通过吃粽子、赛龙舟等形式纪念屈原。

【礼俗文化】

端午节是中国传统文化节日，关于它的来源有多种说法，有的说是纪念屈原投江，有的说是纪念伍子胥投江，有的说是纪念曹娥救父，有的说是基于图腾信仰，还有夏至说，等等，莫衷一是。时至今日，纪念屈原的说法成为节俗主流。许多人被屈原忠君爱国的高尚情操所感动，端午节便成为一个蕴含爱国主义情怀的节日。

屈原是楚国宗室子弟，自小就受到了良好的教育，博览群书，少年时期开始崭露头角，先后担任过楚国的左徒、三闾大夫，备受楚王信赖。后因制定改革法令，威胁到上层阶级的利益，遭到了不少楚国贵族的排挤打压，最后落得流放的下场。楚顷襄王二十一年（278年），秦国攻破楚国郢都，并且烧毁了楚国王室的坟墓。得知此事后，屈原悲痛欲绝，在五月

初五这一天自沉于汨罗江。

屈原投江自尽后，不少百姓过来打捞他的尸体。百姓遍寻无果，又害怕屈原的尸体被鱼虾啃食，于是便用竹筒装上大米，再抛到江中，以求能替代屈原。有位老医师则将一坛雄黄酒倒入江中，说雄黄酒能够除虫避害，防止蛟龙水兽伤害屈原的真身，人们见后纷纷效仿他的做法。荆楚地区是鱼米之乡，水路交通发达，人们多是划着小船来祭奠屈原，也能起到驱赶鱼虾的作用。据说过了几百年，人们正在祭奠屈原的时候，有一个人突然出现在江边，说这些年送来的供品都被蛟龙所侵占，嘱咐大家要是再送东西，最好用楝树叶包上，再用五色彩线缠上，因为蛟龙最惧怕这两样东西。这便是后来的粽子。后来每到五月初五，人们就会包粽子、划龙舟、喝雄黄酒纪念屈原，久而久之，也就形成了习俗。

"有棱有角，有心有肝。一生清白，半世熬煎。"屈原虽是贵族，却深知民间疾苦，不惧强权改革楚国政治，即使被处刑流放，仍然深爱着自己的国家，以死明志。将屈原与端午节联系在一起，是为了树立一个忠君爱国的典型，因此历朝君王都坚持祭祀屈原，强化国民的爱国情怀。

时至今日，屈原已经成为爱国主义情怀的最佳代言人，作为传统文化的文化符号，响彻神州大地。

【知识延伸】

孝女曹娥

关于端午节的起源有一种说法是为了纪念孝女曹娥。曹娥是东汉时期著名的孝女，会稽上虞人。相传她的父亲曹盱擅长巫术，每年五月初五都会参加迎接伍子胥的祭祀活动。汉安二年，曹盱在祭祀活动中不慎掉落江水之中。十四岁的曹娥悲痛欲绝，日夜沿着江边寻找父亲的尸体，然而遍寻无果，于是曹娥也投江自尽。后来江面上浮出了两具尸体，正是曹娥和曹盱。曹娥的孝心感动了人们，为她塑像建庙，每逢端午节，都会来到庙里祭拜她。

第三节　古代民间六月初六晒书、晒衣的习俗

【典籍溯源】

　　六月六日，晒銮驾，民间亦晒其衣物，老儒破书，贫女敝
缊，反覆勤日光，晡乃收。

——《帝京景物略》

　　《帝京景物略》是明代刘侗、于奕正编撰的一部风土地理类著作，共
八卷，主要记载了明代北京城的风俗习惯、名胜古迹、人物故事等，对于
了解明代北京城的风貌，提供了宝贵的历史资料。

　　夏天气候炎热，雨水充沛，湿热的天气极易使衣服、书籍等日常用
品发生霉变、虫蛀。因此在六月初六这一天，家家户户都会把被褥和衣
物放到太阳底下曝晒，宫里也会晾晒銮驾和文书，佛寺也会在这一天晾
晒经书，一边翻检一边默念，所以六月初六也叫作"翻经节"。

【礼俗文化】

　　俗语说"六月初六，家家晒红绿"。到了六月初六，天气异常湿热，
人们要将家中存放的衣服、书籍等物品拿到外面晾晒，去除潮气，以防发
霉长毛。民间将六月初六这一天称为"天贶节""晒衣节"等。

　　对于许多人来说，天贶节是个很陌生的节日。天贶节是宋代官方节
日，据说与宋真宗有关。宋真宗好大喜功，打算利用泰山封禅镇服四方，
于是捏造了天降诏书的谎言，谎称梦见天神赐下天书，还将赐下天书的日

子，也就是六月初六，定为天贶节，"天贶"即上天恩赐之意。

民间过天贶节有自己的传统习俗，平常人家大多晾晒衣物和粮食。"六月六晒龙衣，福不休富不离"，意思是说在六月初六那天将衣服晒好，说明那天天气十分晴朗，预示了丰收的年景。关于民间的晒衣节，还有一个很有趣的说法，据说六月初六是龙王晒鳞的日子，人们为了沾龙气，就把自家的衣服拿出来晾晒。文人会在六月初六这一天晒书。书籍是珍贵物品，若是被潮气、蛀虫毁坏，文人们恐怕都要捶胸顿足，所以晾晒书籍是很有必要的。在六月初六这一天，若是阳光大好，文人们就会将家中存放的书籍、字画搬出来晾晒，让强烈的光线晒走潮气和蛀虫。

不止民间，宫廷里也有晒书的传统。明清时期，六月初六若是晴天，掌管图书的官吏和官人都会将大内私藏的档案、御书、实录等物搬到庭院中晾晒，一是为了让书籍沐浴阳光，晒走霉气和蛀虫；二是表示对先祖和历史的敬畏。

除了晒衣、晒书，六月初六这一天还有回娘家、求平安、给猫狗洗澡等风俗，体现了丰富的文化底蕴和先祖对于生活的美好期盼。

【知识延伸】

朱彝尊晒肚皮

康熙年间，有一位学者叫朱彝尊，他虽满腹经纶，饱读诗书，却怀才不遇。某一年的六月初六，他得知康熙皇帝微服私访的消息，便在皇帝必经之地袒胸露腹晒太阳。这样奇怪的举动果然引来了康熙皇帝的关注。康熙皇帝好奇地问朱彝尊："你这是在干什么呢？"朱彝尊则回答说："我在晒书，我有一肚子学问却派不上用场，烂在肚子里快要发霉了，今天干脆在太阳底下晒一晒。"而这一年，屡试不中的朱彝尊竟然高中博学鸿词科，被康熙任命为翰林院检讨。许多读书人效仿他的做法，也在六月初六这一天晾晒字画、书籍，渐成风俗。

第四节 "乞巧"有何来头

【典籍溯源】

> 宫中以锦结成楼殿，高百尺，上可以胜数十人。陈以瓜果
> 酒炙，设坐具以祀牛、女二星。嫔妃各以九孔针、五色线，向
> 月穿之，过者为得巧之候。动清商之曲，宴乐达旦，士民之家
> 皆效之。
>
> ——《开元天宝遗事》

《开元天宝遗事》是王仁裕编著的一部笔记小说集，主要记载了唐玄宗时期的节俗风尚、宫廷逸闻、社会传闻、奇异物品等内容，具有重要的社会史料价值。

唐朝七夕时，在祭拜牛郎、织女二星的同时，也会举办盛大的乞巧仪式。所谓"乞巧"，即女子在七夕节向织女祈祷，求得出色的女红天赋。

【礼俗文化】

现代人将七夕称为"情人节"，是属于情侣们的节日，但在古时，七夕节的内涵远比男女情爱丰富。

在古代很长一段时间里，七夕节和爱情是没有关联的。人们将七夕称为"乞巧节"，"乞巧"，即乞求一双巧手。中国古代社会是男耕女织的小农经济，对女孩子的女红技艺相当重视，一个女子若是不懂得织布缝衣，是很难嫁出去的，而织女作为"纺织之神"，备受民间女子的崇拜，

所以"乞巧"也有祈求织女赐予好手艺的含义。

乞巧节是属于女孩子的节日，因此又叫作"女儿节"。乞巧节的主要习俗有穿针乞巧、喜蛛应巧、投针验巧等。

穿针乞巧起始于汉朝，是最早的乞巧方式。每年农历七月初七，家家户户的女子都会参与乞巧节的比赛。女子手执针线，对着月光快速地穿针引线，将丝线全部穿过的叫作"得巧"，速度快的叫作"巧者"，速度越快，意味着手艺越巧。

喜蛛应巧大致源于南北朝时期。到了七夕夜里，各家各户的女子都会在庭院里摆上香案，再将瓜果陈列其上，观察是否有喜蛛在果盘上结网，如果有，就是应巧。还有一种方法是将喜蛛放进一个小盒子里，等到第二天清晨再打开，如果看到蜘蛛结网，就说明应巧，网越圆越密集，说明乞巧者的手艺越精湛。

投针验巧是明清时期流行的乞巧方式。在乞巧节前一天，女子将一碗水放在院子里，到了七夕节午时，取一枚绣花针抛到碗中，然后在日光下观察针的投影，"有成云物花头鸟兽影者，有成鞋及剪刀水茄影者"，就算得巧。

乞巧活动始于汉代。《西京杂记》中记载了汉代乞巧节的场景："汉彩女常以七月七日穿七孔针于开襟楼，人俱习之。"这是古代典籍中最早关于乞巧节的文字记载。唐代时，乞巧节也是所有女子狂欢的节日，"阑珊星斗缀珠光，七夕宫嫔乞巧忙"，成百上千的宫女月下穿针，争相得巧。宋代乞巧节更加世俗化，从七月初一开始，大街小巷里就弥漫着乞巧节的气息。商铺里早早摆上了布匹丝线、新鲜的瓜果蔬菜、具有乞巧特色的装饰品等，街上更是车水马龙，人山人海，到处都是欢声笑语。

经过历史的发展，七夕被赋予了"牛郎织女"的美丽爱情传说，使其成为象征爱情的节日，成为中国具有浪漫色彩的传统节日。而到了现代社会，人们开始把七月初七看作中国的"情人节"，是纪念牛郎织女的爱情节日，而不是向织女乞巧的"乞巧节"。

【知识延伸】

乞巧节拜月

　　七月初七是牛郎织女一年一会之期，二人相会在鹊桥之上。古人认为，织女一定不会错过这一年中唯一一次可以与丈夫团聚的机会。因此到了七夕夜里，女孩会在庭院里摆上新鲜的瓜果，在月下祈祷许愿，一来盼望自己的女红技法更加娴熟，二来祈求收获美满姻缘。唐玄宗和杨贵妃就曾在七月初七夜里一同祈祷，许下了相守一生的誓言。

第四章　古人的秋季风俗

第一节　中元节祭祖习俗是怎么来的

【典籍溯源】

　　十五上元，七月中元，十月下元，为三官圣诞。曰天官赐福，地官赦罪，水官解厄。

——《帝京岁时纪胜》

　　中元节是道家文化与传统民俗融汇结合的产物。道家认为天官、地官、水官掌管人间功罪赏罚，其中天官为上元，地官为中元，水官为下元。地官是农历七月十五生，统辖地府众鬼，因此人们将农历七月十五称为"中元节"和"鬼节"。在这一天，人们主要进行祭祖敬鬼活动。

【礼俗文化】

　　中元节是以祭祀先人为主旨的中华传统节日，是慎终追远、敬祖尽孝思想的深刻体现，它与清明节、重阳节、除夕并列成为四大祭祀节日。中元节祭祖是俗家、道家、佛家共有的祭祀传统。对于民间而言，七月半恰逢初秋丰收，按例要祭祀祖先，用新收的稻米祭供，请祖先品尝，告知祖先秋成殷实，与祖先一同分享丰收的喜悦。

　　七月半祭祖习俗自古有之，后受到道教三元说的影响，才有中元节的说法。在道教文化中，正月十五为上元，是天官赐福的日子；七月十五为中元，是地官赦罪的日子；十月十五为下元，是水官解厄的日子。相传每年农历七月十五是地官的诞辰，这一天进行祭祀可以祈求地官赦罪。地府会打开地狱的大门，放出所有被拘留的鬼魂，有主的鬼魂可以回家与家人团聚，无主的孤魂野鬼就在阳间夜游徘徊，也可以去别人家里享受一点儿香火。

佛教将七月半称为"盂兰盆节"，佛家弟子要举行盂兰盆法会。盂兰盆节是由印度传入我国，来源于目连救母的故事。释迦弟子目连之母生性暴戾，罪行累累，死后坠入阿鼻地狱，接受各种酷刑的惩罚。目连为了解救母亲，向佛祖求救。佛祖被他的孝心所感动，传授他《盂兰盆经》，每年农历七月十五，目连可以用盆装满百味五果来供养母亲。后来逐渐衍生出盛大的盂兰盆法会，也就是"鬼节"。

现在全国大多数地区都有中元节祭祖传统，人们在这一天祭祀先人，有的地方会去河边放灯，寄托对亲人的怀念；有的地方会在门口或是道口点上纸灯，为亲人照亮回家的路。死亡并不是真正的告别，遗忘才是，所以中元节祭祖逐渐变成了一种文化传承，千年未绝。

【知识延伸】

中元节祭祖的注意事项

中元节祭祖时，要注意以下几点：

仪容仪表：祭祖时不能穿着颜色鲜艳或是装饰品过多的华丽衣物，一定要简洁、庄重。

祭祖时间：不按照规定时间祭祖，是对祖先的不尊重。白天祭祖，要赶在十二点之前，晚上祭祖最好在九点至零点之间。

参与成员：中元祭祖只允许家族内部的人参与，外人是不能参加的。

第二节　古人中秋拜月的原因

【典籍溯源】

> 古者，先王既有天下，又崇立上帝、明神而敬事之，于是乎
> 有朝日、夕月以教民事君。
>
> ——《国语·周语上》

《国语》是中国第一部国别体史书，采用以国分类的方式，记载了自西周周穆王十二年（990年）西征犬戎至韩、赵、魏三家灭智伯长达五百年的历史，涉及周王室和鲁、齐、晋、郑、楚、吴、越各诸侯国的历史，探讨了国家兴亡的根源。

古人认为祭祀月亮有特殊的意义。周代有"夕月之礼"，"夕月"即在秋分的傍晚祭祀月亮。每年秋天，周天子都要举行祭月仪式，这种祭祀月亮的礼制一直传承至清代。可以说，中秋拜月的习俗起源于"夕月之礼"。

【礼俗文化】

拜月是中国的古老风俗。史料记载，周天子春分祭日，夏至祭祀，秋分祭月，冬至祭天，所以早在周代时，中国就有了"秋暮夕月"的习俗。拜月是对月神的崇拜习俗，初为宫廷贵族所奉行，随着时代的发展，民间也流行起祭月之风。

改变的时间点在唐朝初年，此时出现了中秋节俗。中秋节打破了拜月

活动为皇家专享的垄断格局，将严肃庄重的拜月活动发展为轻松浪漫的赏月活动。唐朝人民极为钟爱中秋赏月，在李白、杜甫等诗人的作品中，月亮常与故乡联系在一起，成为游子思念亲人的物化象征。

中秋拜月的习俗在宋朝非常盛行，男子拜月期盼功名，女子拜月期盼容颜，都蕴含了人们对生活的美好希冀。

明清时期，中秋拜月更加世俗化，祈求功名利禄、家人团聚、幸福安康等成为人们拜月的主要因素，抒情性、神化性的文人传统赏月活动逐渐减少。

到了现代社会，古时的祭月活动已经完全被轻松欢快的全民赏月活动所取代。

关于中秋拜月的来源，还流传着许多浪漫动人的故事。

野史记载，春秋战国时期，齐国有一名叫无盐的女子，容貌极为丑陋。无盐在幼年时期常常虔诚地祭拜月亮，长大之后，因德行超群被群臣举荐进入王宫，却因相貌丑陋始终未能得到齐王的宠幸。有一年农历八月十五的夜里，无盐又在拜月，正巧被齐王看到。齐王认为月光下的无盐美丽出众，于是册立她为王后。由此衍生出了中秋拜月风俗，女子们祈求月神，愿"貌似嫦娥，面如皓月"。

在神话传说中，嫦娥是居住在月宫的神女，以美貌著称，常与中秋拜月的习俗联系在一起。传说在远古时期，天上出现了十个太阳，百姓们深受曝晒之苦。有一位名叫后羿的勇士拿着神弓射下了九个太阳，自此名声大噪，前来拜师学艺的人络绎不绝，其中混入了一个奸诈之徒——逢蒙。不久后，后羿娶了一位美貌的妻子，叫作嫦娥，二人琴瑟和鸣，十分恩爱。某次外出，后羿有幸从王母娘娘那里得到一包不死药，服下此药便能成仙，但后羿舍不得与妻子分开，便将不死药交给妻子保管。心术不正的逢蒙得知此事后，趁着后羿外出，逼迫嫦娥交出不死药。危急时刻，嫦娥一口吞下不死药，身子立刻向天上飞去。由于牵挂丈夫，嫦娥便飘到距离人间最近的月亮上成了仙。

后羿知晓妻子奔月成仙的消息，悲痛欲绝，对着月亮高声呼唤嫦娥的名字，没想到在月亮上看到了嫦娥的身影。后羿赶紧在花园里摆上香案，再摆上嫦娥喜欢吃的瓜果，以此纪念妻子。百姓们得知此事后，纷纷设下香案，拜月祈福。从此，中秋拜月成为一种习俗。

【知识延伸】

含月的诗词句

月亮有思念故乡的美好意象，古人常以月传达对家乡亲人的无限思念。

张九龄："海上生明月，天涯共此时。"

李白："举头望明月，低头思故乡。"

苏轼："人有悲欢离合，月有阴晴圆缺。"

杜甫："露从今夜白，月是故乡明。"

李清照："云中谁寄锦书来？雁字回时，月满西楼。"

第三节　月饼有何来历

【典籍溯源】

　　用山东飞面，作酥为皮，中用松仁、核桃仁、瓜子仁为细末，微加冰糖和猪油作馅，食之不觉甚甜，而香松柔腻，迥异寻常。

——《随园食单》

　　《随园食单》是清代袁枚撰写的一部美食宝典，主要记载了乾隆年间江浙一带的饮食文化，涉及各种烹饪技术和饮食类型，是中国烹饪文化的集大成之作。

　　五仁月饼是中秋月饼中最经典的存在，是用杏仁、芝麻仁、瓜子仁等加上冰糖、猪油做成的糕饼。饼皮松香柔软，馅料充实，一口咬下去唇齿留香，深受广大群众的喜爱。

【礼俗文化】

　　月饼是中秋节的应节美食，有京式、广式、苏式、潮式、滇式等九大派系，被全国各地人民所喜爱。

　　月饼在中国有着深厚的历史文化底蕴。史料记载，殷商时期，江浙一带有一种叫作"太师饼"的小吃，此饼边薄心厚，被人们视为月饼的前身。

　　也有人认为月饼与张骞出使西域有关。张骞从西域引进了胡桃、芝麻。后来人们制作出一种以胡桃仁为馅的圆形饼，因为圆饼的主要用料产自西域，所以命名为"胡饼"。

还有一种说法，月饼是外来传入的美食。唐高祖时期，大将军李靖领兵讨伐突厥，得胜归来。农历八月十五这天，唐高祖设宴为军队庆功祝捷。一名吐鲁番商人向高祖李渊献上了家乡特产，是一种有馅的圆饼。李渊觉得此饼的外形与天上的明月有些相似，脱口而出："应将胡饼邀蟾蜍。"说完与众大臣一块分食。后来中秋赏月吃胡饼的习俗逐渐成为风尚。

关于月饼的名称还有一个历史故事。野史记载，有一年中秋之夜，唐玄宗和杨贵妃正吃着胡饼赏月，唐玄宗嫌弃胡饼的名字不好听，杨贵妃望着明亮皎洁的月亮，随口起了"月饼"这个名字。从此，胡饼就改称为"月饼"。

北宋时期，人们将月饼称为"小饼""月团"，苏东坡有诗句"小饼如嚼月，中有酥和饴"。南宋吴自牧的《梦粱录》中出现了"月饼"一词，但对中秋吃月饼的描述，在明代的《西湖游览志会》才有记载："八月十五日谓之中秋，民间以月饼相遗，取团圆之义。"

在明代，中秋节吃月饼、互送月饼是一种社会风尚，并且此时月饼有了团圆的寓意。在中秋节的夜晚，全家人围坐在一起分食月饼，共同欣赏明月，月亮圆，月饼圆，合家团圆，因此才有了月饼代表团圆的意义。

据说明代中秋吃月饼的习俗与朱元璋有关。元朝末年，汉人不堪忍受元朝统治阶级的剥削压迫，纷纷起义，朱元璋也趁此机会组织起了反抗势力。为了传递消息，朱元璋听从军师刘伯温的建议，命令属下将写有"八月十五杀鞑子"的字条藏在月饼里，然后分头派送到各路起义军手里。到了行动当天，各路人马同时起义响应，最终推翻了元朝统治。为纪念这次起义，每到中秋佳节，朱元璋便会将月饼作为节令食物赐给百官。

到了清代，中秋节吃月饼已经成为节日传统，月饼的材料、调制、形状等越来越精良，形成了京式、苏式、广式等各具特色的风味品种。

时至今日，月饼已经不单纯是别具风味的中秋美食，更是人们家中四季常备的特色糕点，口味繁多，风格各异，深受南北各地人们的喜爱。

【知识延伸】

月饼的种类

月饼是我国中秋节的节俗小吃，种类繁多，按照派系可分为京式、广式、苏式、滇式、潮式等；按照馅料可分为豆沙、五仁、芝麻、冰糖、火腿、鲜肉等；按照口味可分为甜味、咸味、麻辣等；按照饼皮可分为酥皮、混糖皮、浆皮三大类。

第四节　"重阳"之名有何来头

【典籍溯源】

> 九月九日，四民并籍野饮宴。
>
> ——《荆楚岁时记》

相聚饮宴是重阳节的重要活动。中国人喜欢热闹，既然是过节饮酒，就一定要聚在一起才有意思，于是便有了重阳饮宴的风俗。最开始的饮宴活动只限于王公贵族，后来流传至民间。时至今日，一些地区依然有摆敬老宴的重阳节俗。

【礼俗文化】

九月初九，是中国的传统节日重阳节。重阳节以敬老为主题，不少年轻人会带着自己的长辈登山秋游。重阳节之名起源于古籍《易经》。在《易经》里，"九"是最大的单数，也是最大的阳数，而九月初九这一天，月和日都逢九，所以叫作"重九""重阳"。

重阳节历史悠久，可以追溯到春秋战国时期。《吕氏春秋》里记载了九月丰收时节有祭祀天帝、先祖的活动，屈原诗作中有"集重阳入帝宫兮"的诗句，但这里指的是日子，并不是节日。

《西京杂记》中西汉的宫人贾佩兰曾言："九月九日，佩茱萸，食蓬饵，饮菊花酒，云令人长寿。"茱萸辛香，有驱邪气、避鬼魅的作用，还能消除风寒，延年益寿。人们常在重阳节时佩戴茱萸，以求驱邪祈福。

蓬饵是用蓬草、黍米做成的糕饼，是重阳节的应节食物，也是重阳糕的前身。蓬草具有抵御妖邪的功效，所以吃蓬饵也有驱邪避凶的作用。

菊花是应季花朵，性寒味甘，有明目养肝的功效。用菊花、糯米、酒曲酿成的菊花酒能够散风去火，消除秋燥，被人们视为重阳节的必饮佳品。

风俗传统的形成需要时间，对于刚刚成立的汉朝，还不具备形成如此完备的节俗活动的条件，因此九月初九佩戴茱萸囊、吃蓬饵、饮菊花酒的习俗，应该是效仿先秦时期的做法。

重阳登高的习俗始于东汉。《续齐谐记》记载，半仙费长房对弟子桓景说："九月九日这一天，你家将遭逢大难，全家人在手臂上系上茱萸，登高饮菊花酒，便可躲过此劫。"桓景按照师父的嘱咐，带着全家登高避灾，再回到家里后，发现家畜家禽竟全部死绝。此后，登高辟邪的习俗便逐渐传播开来。

三国时期，魏文帝曹丕在《九月与钟繇书》中明确描述了重阳节的登高饮宴活动："岁往月来，忽复九月九日。九为阳数，而日月并应，俗嘉其名，以为宜于长久，故以享宴高会。"

魏晋时期，重阳节有了赏菊的风俗，这一点在陶渊明的《九日闲居》中有明确体现："余闲居，爱重九之名。秋菊盈园，而持醪靡由，空服九华，寄怀于言。"

唐代将重阳节确立为正式节日。登高望远、佩戴茱萸、饮菊花酒、吃重阳糕已经成为重阳节的重要节俗。唐代重阳糕有菊花糕、麻葛糕、米锦糕等种类。当时还出现了大量描写重阳节俗的诗作，其中最著名的便是王维的《九月九日忆山东兄弟》。

明清时期，重阳节俗依旧盛行，人们在九九重阳之际，登高望远，吃糕庆祝。

现代社会将重阳节定为"敬老节"。年轻人带着父母登高赏美景，不仅锻炼身体，还能在秋游中拉近彼此的距离，让父母感受到儿女们真切的关怀。

【知识延伸】

古人佩戴的茱萸种类

茱萸有山茱萸、草茱萸、吴茱萸等品种。山茱萸和吴茱萸是传统的中药材，山茱萸有补益肝肾、涩精固虚的功效，吴茱萸有止痛、散寒、理气的功效，草茱萸则没有药用价值。山茱萸和草茱萸没有气味，而吴茱萸的枝叶、果实气味相当浓烈，所以学术界的大多数人认为，古人重阳登高时头上插着的茱萸，就是吴茱萸。

第五章　古人的冬季风俗

第一节　十二月为何称"腊月"

【典籍溯源】

> 冬至后三戌，腊祭百神。
>
> ——《说文解字》

《说文解字》是东汉许慎撰写的文字工具书，也是中国第一部按照部首编排的字典，它系统分析了汉字的字形，对汉字的解释保留了最古老的含义，对于解读古籍具有重要的参考意义。

在中国古代社会，每年农历十二月都会举行规模盛大的"岁终之祭"，人们纷纷拿出捕获的各种珍奇禽兽，祭奠诸位神灵和祖先，借此祈福避灾，这种祭祀活动叫作"腊祭"，举行"腊祭"的十二月就叫作"腊月"。

【礼俗文化】

人们常说"寒冬腊月"，腊月就是农历的十二月，这是妇孺皆知的常识问题。但是，为什么民间将十二月称为"腊月"呢？

腊月的由来与古代祭礼有关。《独断》这样解释"腊"的意义："腊者，岁终大祭。"到了岁闲之时，人们把捕获的野兽拿出来祭祀天地神灵和先祖，这种祭祀仪式叫作"腊祭"。

在中国古代社会，农业是最重要的国民经济产业，与人们的生产生活息息相关，因此古时许多习俗都与农事密切相关。人们认为，天、地、人三界神灵掌管着世间万物，也包括农业生产的丰歉，由此衍生出形式各异的祭祀神灵的礼仪，借此感谢神灵庇佑，祈求来年风调雨顺。古代有四时之祭，春耕、夏耘、秋收比较繁忙，冬藏比较清闲，且农历十二月正是与新年交接之际，所以人们经常外出狩猎，捕获的野兽一部分留作过年食材，一部分就拿去祭祀各路神灵和祖先，祈求避灾迎福。人们经常在十二月举行隆重的祭祀活动，并将这个月的祭祀活动称为"猎祭"，即猎杀禽兽祭奠神明，而举行腊祭的月份则被称为"猎月"。

"腊者，猎也，言田猎取禽兽，以祭祀其先祖也。"因为"腊"与"猎"通假，所以"猎祭"就被写成了"腊祭"。

秦始皇统一六国后，将新旧交替的十二月称为"腊月"。南北朝时期，将"腊祭"的日子固定为十二月初八，所以十二月初八也叫作"腊日""腊八节"。

到了腊八节，许多地区都会煮腊八粥。明代时，人们在腊八节来临之前，将红枣捶破泡汤，等到初八清晨，跟核桃仁、白果、栗子、粳米等物熬煮出一锅香浓的腊八粥。熬好后，先将粥供在先祖面前，然后全家人围坐在一起分食。

清代，腊八粥的制作更加精致，用桃仁、瓜子仁、榛子、松子、花生、葡萄干等物加以点缀，使腊八粥的外观更加精美华丽。

晚清时期流行腊八煮粥的风俗，初七夜里开始制作，到了初八日，天刚蒙蒙亮的时候，大街小巷里已经是人来人往，人们不是挑着扁担就是手上提着筐，里面放的都是腊八粥，用来馈送亲友。

腊八粥的习俗一直延续到今天，人们用大米、小米、薏仁、红枣、桂圆、花生等多种食材，熬煮出一锅香甜软糯的粥，或家人分食，或赠送亲友，寓意幸福美满，表达对新年的美好祝愿。

【知识延伸】

腊月里的重要时间点

腊月二十三：人们俗称为"小年"，传说在这一天，灶王爷要向玉皇大帝禀告每户人家的德行，玉帝会根据这家人的善恶做出赏罚措施。所以糖果就成为这一天的主题，为的就是让灶王爷在玉帝面前说说好话。

腊月二十四：这一天的关键词是"扫尘"，将霉气、晦气统统扫出去，祈求来年生活更加幸福。

腊月二十五：这一天的民俗活动是"接玉皇"。玉皇大帝要亲下凡间，查探家家户户的表现，决定来年的命运。所以这一天家家户户都会祭祀玉皇大帝，谨言慎行。

第二节 古人为何要在冬至祭天

【典籍溯源】

> 以冬日至，致天神人鬼。
>
> ——《周礼·春官宗伯·神仕》

在中国古代，冬至日是祭祀神灵的大日子。古人认为冬至以后，阴气渐衰，阳气渐盛，是大吉之日，因此祭祀神灵成为冬至日的重要内容。周代就已经有了冬至祭祀的习俗。到了冬至日这天，国家会举行隆重的祭祀仪式，向天地鬼神进行祷告，祈求各路神灵消除病疫、饥荒和死亡，庇护百姓无病无灾，国家风调雨顺。

【礼俗文化】

周代制定了冬至祭天的礼仪，天子作为人间的最高统治者，代表所有百姓向天界神灵传达心愿，祈求来年风调雨顺，国泰民安。历代王朝都要行祭冬礼，祭祀规模宏大，一般都在郊外举行，所以又叫作"郊祭"。

汉代将冬至称为"冬节"，并有放假的规定。《后汉书·礼仪志》记载："冬至前后，君子安身静体，百官绝事，不听政，择吉辰而后省事。"官吏休息，军队待命，商铺歇业，亲朋好友相互拜访，联络感情。

冬至祭祀的习俗延续至唐宋时期演变为祭天祭祖的活动。到了冬至日，皇帝率领百官前往郊外举行盛大的祭天典礼，民间则要祭拜逝去的先人。

冬至祭祖的形式有两种。第一种是室内祭奠。家族内祭拜直系先祖，几个家族还要合族祭拜共同的始祖。冬至日头天晚上开始，族人在宗祠内设下香案，摆上供品和牺牲，然后由族长主祭，带领族内男丁焚香祭拜，诵读祭祖文，祈求祖先庇护家族兴旺康宁。第二种是室外祭奠。在先人墓前举行祭祖仪式，先给祖先整修住所，也就是添土竖碑，然后在墓前燃香纸、放鞭炮，致敬祖先，缅怀先人功德。

冬至祭天的习俗延续至明清时期变得更加隆重、神圣。永乐十八年，朝廷在北京南郊修建了规模宏大的天坛，天坛内部有斋宫、圜丘、祈年殿、皇穹宇等建筑。此后，冬至祭祀都在天坛进行。

祭天前一天，皇帝移驾到斋宫，第二天在圜丘举行祭天典礼。祭天时，奏乐击鼓，唱迎神曲，祈求天界众神庇佑国家人民。

清代时，冬至祭天成为皇帝亲祭的头等大事，即使皇帝因身体抱恙、出征在外等特殊原因无法主祭，也会派遣最信任的皇子或者臣子代为执行。康熙三十五年至四十五年间，康熙皇帝就曾四次派遣皇太子胤礽主持冬至祭天事宜。

清代民间有"冬至大如年"的说法。每逢冬至，人们便会挂起先人的画像，献上美味食物来供奉祖先。

【知识延伸】

饺子的来源

北方在冬至日有吃水饺的习俗，据说与"医圣"张仲景有关。相传有年冬天，大雪纷飞，异常寒冷，不少百姓的耳朵都被冻烂。见此情景，张仲景嘱咐徒弟搭起医棚，在棚内支起一口大锅，放入羊肉、辣椒及一些驱寒药材，煮熟后捞出切碎，用面皮包成耳朵形状，再下锅煮熟，然后分发给冻烂耳朵的乡亲。百姓们服食后，冻耳逐渐治愈，于是，乡里人便模仿制作这种食物，久而久之形成了吃饺子的习俗。

第三节　为何要在腊月二十三"送灶神"

【典籍溯源】

> 月晦之夜，灶神亦上天白人罪状。
>
> ——《抱朴子·微旨》

《抱朴子》是晋代葛洪编著的一部道家典籍，分为内、外两篇。《内篇》主要阐述了炼丹、符箓等修炼方法，以及道家思想；《外篇》主要是讨论时政得失，人事臧否。《抱朴子》一书继承了东汉以来的炼丹术，集魏晋炼丹术之大成，为研究道教文化提供了珍贵资料。

灶神是掌管人间饮食的神灵，也是玉帝留在人间的眼线，负责监管人们的善恶功过。出于敬畏心理，民间逐渐流行祭祀灶神的风俗。人们供奉灶糖，想让灶神多说点好话，这也体现了古代人民消灾迎福的美好愿望。

【礼俗文化】

农历腊月二十三，又叫作"小年"，这一天的关键词是"送灶神"。灶神是掌管人们饮食的神灵，俗话说"民以食为天"，人们每天都要用灶台生火做饭，而灶神作为灶火的管理人员，深受百姓的尊敬和崇拜。

每家每户都有自己的灶神，它们像是一个家庭的保护神，负责守护主人家的平安。除了腊月二十三到腊月三十这段时间，灶神其余日子都会坚守在岗位上，这也使得灶神对于主人家的情形了如指掌。

灶神除了保护主人家的安危，还负责记录主人家的善行和恶行，等到年终汇报时完完整整地禀告给玉皇大帝。每年腊月二十三是灶神上天汇报工作的日子，玉帝根据灶神的情报决定这家人明年的命运，或降福，或降灾。因为灶神的汇报内容直接决定了主人家未来一年的运势，所以在灶神上天之前，民间都会举行祭灶仪式，打点一下灶神，让他为家里人多说好话。

古时家家户户都会在厨房供上灶神的神像，到了腊月二十三这一天，人们会在厨房内摆上桌子，供上红枣、灶糖、柿饼等物，请灶神甜甜嘴，再准备一个用竹篾扎纸糊的马，作为灶神上天的坐骑，还要准备一点儿草料，当作纸马的干粮。

送灶时，有的地方还会将灶糖涂在灶神的嘴角，意为小嘴抹了蜜，让他多说好话；有的地方会用酒糟涂抹灶神的嘴角，叫作"醉司令"，让醉了的灶神少说点话。涂完后，将灶神像揭下，然后将其与竹篾扎成的纸马一同点燃，代表送灶神上天。

灶神上天以后，要在天宫待到大年三十的晚上才会返回人间。没有灶神在一旁监管，人们无论做什么都百无禁忌，因此不少人家都会在这段时间举办婚嫁仪式，娶媳妇，嫁闺女。民谣里唱："岁晏乡村嫁娶忙，宜春帖子逗春光！灯前姊妹私相语，守岁今年是洞房！"反映的正是年底结婚的习俗。

到了除夕夜里，人们要迎接灶神回家也就是接灶。接灶神的仪式比起送灶神简单得多，换上新灶灯，在灶龛前焚香祭拜就算礼成。接灶结束后，再在灶间贴上新的灶神像。

【知识延伸】

灶　糖

灶糖，又叫作"关东糖""糖瓜"，是用麦芽糖制作的一种糖果，长条糖棍叫作"关东糖"，扁圆形的叫作"糖瓜"。灶糖是祭灶仪式的祭品，俗话说吃人嘴软，灶神吃了甜甜的糖果，也就不好意思再说主人家的坏话。也有种说法是灶糖黏性很强，能够黏住灶神的嘴，以防他跟玉帝打小报告。

参考文献

[1]万献初，刘会龙.说文解字十二讲[M].北京：中华书局，2019.

[2]杨伯峻.论语译注[M].北京：中华书局，2019.

[3]华梅.中国历代《舆服志》研究[M].北京：商务印书馆，2015.

[4]杨天宇.周礼译注[M].上海：上海古籍出版社，2016.

[5]（汉）司马迁（著）.李翰文（编）.史记[M].北京：北京联合出版公司，2016

[6]（宋）孟元老.东京梦华录[M].郑州：中州古籍出版社，2010.

[7]（元）脱脱，等.宋史[M].北京：中华书局，1985.

[8]吴钩.风雅宋[M].桂林：广西师范大学出版社，2018.

[9]李梦媛.原来宋朝人这样生活[M].桂林：漓江出版社，2022.

[10]赵悦辉.原来唐朝人这样生活[M].桂林：漓江出版社，2022.

[11]《新周刊》杂志社.显微镜下的古人生活[M].长沙：岳麓书社，2020.

[12]陈玉新.古代人的传统节日[M].北京：化学工业出版社，2019

[13]周赟.中国古代礼仪文化[M].北京：中华书局，2019.

[14]沈从文.中国古代服饰研究[M].北京：中华书局，2011.

[15]孙机.华夏衣冠：中国古代服饰文化[M].上海：上海古籍出版社，2016.

[16]孙机.中国古代物质文化[M].北京：中华书局，2019.

[17]王力.中国古代文化常识[M].北京：北京联合出版公司，2014.